Deutscher Fischerei-Verein

Internationale Ausstellung Mailand 1906: Deutsche Binnenfischerei

Deutscher Fischerei-Verein

Internationale Ausstellung Mailand 1906: Deutsche Binnenfischerei

ISBN/EAN: 9783954271719
Erscheinungsjahr: 2012
Erscheinungsort: Bremen, Deutschland

© maritimepress in Europäischer Hochschulverlag GmbH & Co. KG, Fahrenheitstr. 1, 28359 Bremen. Alle Rechte beim Verlag und bei den jeweiligen Lizenzgebern.

www.maritimepress.de | office@maritimepress.de

Bei diesem Titel handelt es sich um den Nachdruck eines historischen, lange vergriffenen Buches. Da elektronische Druckvorlagen für diese Titel nicht existieren, musste auf alte Vorlagen zurückgegriffen werden. Hieraus zwangsläufig resultierende Qualitätsverluste bitten wir zu entschuldigen.

Internationale Ausstellung
Mailand 1906

Abteilung:

Deutsche Binnenfischerei

Herausgegeben
vom Deutschen Fischerei-Verein

Inhalts-Verzeichnis.

	Seite
Vorbemerkungen	7
Einleitung	9
Verzeichnis der ausgestellten Gegenstände:	
Gruppe 57: Materialien und Geräte für den Fischfang	23
Gruppe 58: Korallen, Schwämme, Perlen und Perlmutter usw., Walfischbarten, Schildpatt, künstliche Perlen, Fischhäute	42
Gruppe 59: Wasserwirtschaft, Fischzucht, Austernzucht	44
Gruppe 60: Aufbewahrung und Transport von Fischen und anderen Wassertieren für Handelszwecke, Fische und andere Wassertiere, lebend und zu Genusszwecken aufbewahrt, Fischöle usw., Salinen	132
Verzeichnis der Mitarbeiter, welche Dekorationsgegenstände zur Verfügung gestellt haben	144
Aussteller-Verzeichnis	146

Vorbemerkungen.

Die nachstehenden Blätter sollen einen „Führer durch die Deutsche Binnenfischerei-Abteilung" der Ausstellung darstellen. Zu diesem Zwecke wurden lediglich die an den Ausstellungsgegenständen angebrachten gedruckten Erklärungen unter Beobachtung der von dem italienischen Ausstellungs-Komitee gewählten Gruppeneinteilung zusammengestellt. Über diese Gruppeneinteilung gibt das vorstehende Inhaltsverzeichnis Auskunft.

Es erschien angebracht, die der Binnenfischerei-Abteilung des amtlichen deutschen Hauptkataloges vorangesetzte Einleitung in erweiterter Form auch hier einleitend zum Abdruck zu bringen.

Von einer Bezeichnung der einzelnen Ausstellungsgegenstände durch Nummern wurde mit Rücksicht darauf abgesehen, dass noch eine besondere Numerierung sämtlicher Objekte der gesamten Ausstellung seitens des italienischen Komitees Platz greifen soll.

Der erläuternde Text zu den einzelnen Gegenständen ist häufig von den betreffenden Ausstellern verfasst, welche für ihre Arbeit dann auch die Verantwortung tragen. Vorhandene Lücken wurden seitens der Schriftleitung möglichst ergänzt, stilistische Ungleichheiten sowie reklamehafte Anpreisungen tunlichst entfernt.

Auch wurde überall vermieden, Preise an den Ausstellungsgegenständen anzubringen. Die nach Schluss der Ausstellung veräusserlichen Sachen werden auf Wunsch in dem Bureau der Binnenfischerei-Abteilung nebst Preisen bekannt gegeben.

Besonderer Dank gebührt an dieser Stelle denjenigen, welche, ohne selbst auszustellen, den Arbeitsausschuss durch Hergabe von Gegenständen ,zur Ausstellung oder Ausschmückung der Räume unterstützt haben. Ihre Namen sind jeweilig bei den Ausstellungsgegenständen oder am Schluss des Führers besonders aufgeführt.

Ein beigegebenes Aussteller-Verzeichnis dürfte bei der Benutzung des Führers willkommen sein.

Der Arbeitsausschuss
für die Ausstellung der Deutschen Binnenfischerei
Mailand 1906.

Einleitung.

Die Deutsche Binnenfischerei.

Wenngleich auch Fischerei und Jagd stets zusammen als Urbeschäftigungen des Menschen, seinen Lebensbedürfnissen und Neigungen entstammend, genannt werden, so haben sich doch beide Tätigkeiten von der Vorzeit her ganz verschiedenartig entwickelt. Die Jagd gehört noch heute zumeist der Erholung, dem Sport, an, ohne eigentlich ein Gewerbe zu bilden und ein Volksnahrungszweig geworden zu sein, während die Fischerei bereits unter unserer nordischen Vorbevölkerung ein Erwerbszweig wurde. Der ehemalige Wasser- und Fischreichtum des Landstriches, in welchem heute das Deutsche Reich gelegen ist, und die hier gewerbsmässig betriebene Fischerei haben zahlreiche Spuren in der Vorgeschichte und Geschichte hinterlassen. Berichte aus den verschiedenen Teilen der Welt lassen erkennen, dass die Fischerei über unsere jetzige Erdbildung hinauf bis in die Zwischeneiszeiten des voraufgegangenen Diluviums reicht. Schon dem Urmenschen des Diluviums dürfte eine nicht geringe Erfahrung, sich auf dem Meere und über dasselbe auf Fahrzeugen zu bewegen, eigen gewesen sein, wie Fischereifunde aus Gegenden beweisen, die während der Interglazialzeiten bereits Inseln waren. Alte Knochen- und Steingeräte zeigen Darstellungen des Fischers, seiner Geräte und einzelner, sogar der Art nach erkennbarer Fische; sie lassen somit den Schluss zu, dass der Urmensch mit der Fischwelt und dem Fischfange schon besonders vertraut war. In der Natur der Sache liegt es, d. h. in den aus der Ausübung des Fischfanges sich ergebenden Erfordernissen, dass die Fischereigeräte Gemeingut aller Völker waren. Aber trotz der anscheinend grossen Übereinstimmung dieser Gerätschaften gibt es doch an ihnen nach Ort und Zeit abweichende einzelne Besonderheiten. Da die Gerätschaften im Laufe der Zeiten jeweilig dem Zwecke, welchem sie dienen sollten, am besten angepasst wurden, ist es erklärlich, dass sich in ihrem Aussehen und ihrer Verwendungsweise nennenswerte Änderungen — abgesehen von der vereinfachten Art der Herstellung durch Maschinen — im Laufe von Jahrhunderten nicht vollzogen haben. Auch bei den neuerdings sich vollziehenden Umwälzungen auf dem Gebiete der Seenbewirtschaftung sind die Geräte im allgemeinen dieselben geblieben, nur pflegt man die bisher auf bestimmte Örtlichkeiten beschränkt gewesenen Fangvorrichtungen auch an anderen geeigneten Stellen zu verwenden.

Zu einer Zeit, da die Gewässer noch von Schuppenträgern wimmelten, wurden wohl leichter Hand Leuten, die sich durch Tapferkeit vor dem Feinde oder anderswie ausgezeichnet oder nützlich gemacht hatten, weitgehende Fischereiprivilegien verliehen, an denen ihre Nachkommen noch heute, unter erheblich veränderten kulturellen Verhältnissen, zäh festhalten. So entstanden die besonders im östlichen Teile Deutschlands verbreiteten Fischerinnungen.

Sie sind auf Wahrung des Sitzes und Berufes ihrer Väter eifrig bedacht, mühen sich bei jedem Wetter, Tag und Nacht, ab und begnügen sich dennoch mit bescheidenem Gewinn. Durch zunftmässiges Zusammenhalten an Ordnung gewöhnt, sind diese markigen Gestalten zu den besten Staatsbürgern zu zählen. Ausserdem beruhen zahlreiche andere Fischereiberechtigungen auf Besitz, Verleihung oder auch Verjährung. Im Laufe der Zeit ist es hierbei nicht selten zu einem Übermass von Berechtigungen gekommen, gegen welche die Fischereigesetze der neueren Zeit Abhilfe geschaffen haben.

Der ehemals grosse Fischreichtum hat mit der fortschreitenden Kultur aus mannigfachen Gründen eine erhebliche Verminderung erfahren. Die Frage nach der Abnahme der Fischbestände in unseren Binnengewässern ist eine sehr verwickelte und kann nur auf Grund von genauen Untersuchungen, an denen es noch fehlt, entschieden werden. Hier sei nur auf einige schädigende Faktoren hingewiesen. Schon immer betrachtete man die Flüsse als die natürlichen Ableitungen des auf andere Weise schwer zu beseitigenden Unrates, unbekümmert um hieraus entspringende gesundheitliche Missstände oder Schädigungen des Fischbestandes. Die Reinheit der

Gewässer vermochte früher auch in der Tat die verhältnismässig geringen Mengen der ihnen zugeführten Schmutzstoffe rasch zu vernichten, nur selten liess sich eine Schädigung des Fischlebens feststellen. Mit der zunehmenden Dichtigkeit der Bevölkerung und der Ausbreitung der Industrie wurden die Gewässer jedoch mehr und mehr geschädigt, so dass allerorten Klagen laut wurden über das Zurückgehen und die Vernichtung des Fischbestandes. Erfreulicherweise schenken die Behörden jetzt diesen Fragen das weitgehendste Interesse. Grosse Aufwendungen für die Reinigung von Abwässern, für eine geregelte Wasserzuführung und Abwässerbeseitigung werden gemacht und staatliche Kontrollmassregeln getroffen. Freilich sind die Schwierigkeiten für die Industrie nicht selten recht grosse, fehlt es doch vielen Betrieben aus früherer Zeit an dem nötigen Platze zur Schaffung entsprechender Vorkehrungen für die Unschädlichmachung von Abwässern. Andererseits kommen auch bei neueren Kläranlagen Unregelmässigkeiten vor, welche Massensterben von Fischen nach sich ziehen. Die Abwässer richten den Schaden nicht nur durch die Vernichtung der Fische selbst, sondern insbesondere auch durch die Vernichtung der Organismen an, auf welche die Fische direkt oder indirekt zu ihrer Ernährung angewiesen sind. Aus dieser Erkenntnis hat sich in neuerer Zeit eine Methode zur schnellen Beurteilung des Zustandes eines Wassers entwickelt, die biologische Wasseranalyse, welche die chemische Analyse vortrefflich ergänzt. Nur selten ist der Chemiker in der Lage, das schädliche Abwasser zu fassen; er kommt bei grösseren Fischsterben zumeist zu spät an die Schadenstelle. Zieht man nun die jeweilig vorhandene und für reines Wasser oder bestimmte Verunreinigungen charakteristische Lebewelt zur Beurteilung des Wasserlaufes heran, indem man Proben ober- und unterhalb des verunreinigten Gebietes vornimmt, so lässt sich nicht selten entscheiden, welchen Grad der Verunreinigung das Wasser angenommen hat oder hatte, da das biologische Bild des Wassers eine Art Durchschnittsergebnis gibt. Diese Methode der wissenschaftlichen Wasseruntersuchung ist daher für die Fischerei ausserordentlich wertvoll geworden.

Doch nicht nur die Einleitung von Abwässern schädigt die Fischerei in unseren grösseren Wasserläufen; hier sind es auch der stetig zunehmende Schiffahrtsverkehr und die Strombauten, deren letztes Ziel darauf gerichtet ist, eine möglichst geeignete Wasserstrasse für die Schiffahrt zu schaffen. Um das Wasser in den Strömen zusammenzuhalten und tunlichst rasch bei ausreichender

Tiefe abzuführen, werden von den Ufern Buhnen in das Flussbett hinaus gelegt, zwischen denen nach und nach die Wasserflächen durch Versandung verschwinden. Dämme, Parallelwerke und das Einschütten von Baggersand in die Zwischenbuhnenfelder beschleunigen den gewünschten Versandungsvorgang wesentlich und tragen zur Beseitigung der hier und da noch längere Zeit sich haltenden Seitenarme und Altwässer bei, so dass schliesslich aus dem sich langsam dahinwälzenden Fluss mit seinen zahlreichen Seitenarmen und Schlenken voll beschaulicher Ruhe ein rasch dahinrollender Stromschlauch mit geraden Ufern und starker Sandführung wird, in dem der Fisch keinen Schlupfwinkel hat, welcher ihm Halt oder die Möglichkeit zur Absetzung seines Laiches und zur Aufzucht seiner Brut gewährt. Die von den Schiffsschrauben aufgeworfenen Wellen tragen zur Beunruhigung des Fischbestandes bei und werfen den etwa noch abgesetzten Laich auf das Land, wo er vertrocknet. Ein zwar unsichtbarer, aber deshalb doch heftiger Kampf zwischen den Strombauverwaltungen und Schiffahrtsinteressenten einerseits und den Fischereiinteressenten an den Strömen andererseits hat schon vor Jahren begonnen; langsam aber sicher wird er zu Ungunsten der letzteren entschieden werden.

Mit dem steigenden Wert der Süsswasserfische und der Abnahme des Fischbestandes in unseren fliessenden Gewässern eng verknüpft ist die weitere Ausgestaltung der Teichwirtschaft in Deutschland. Die künstliche Fischzucht, eine bereits im Jahre 1765 von Jacobi zu Hohenhausen bei Detmold, also in Deutschland, gemachte Entdeckung war bis zum Beginn der vierziger Jahre des 19. Jahrhunderts in Vergessenheit geraten. Erst in der zweiten Hälfte des verflossenen Jahrhunderts entwickelte sich die schon den Mönchen bekannte Teichwirtschaft in Deutschland unter Verwendung der Erfahrungen in der künstlichen Fischzucht in zweckmässiger Weise, so dass sie jetzt den wissenschaftlich und wirtschaftlich am sichersten ausgebauten Teil der Binnenfischerei bildet. Unter Teichen versteht man ablassbare Gewässer. Die Ablassbarkeit gewährt die Möglichkeit der Bewirtschaftung; sie bedingt die grössere Ertragsfähigkeit, denn sie ermöglicht in zeitlichen Zwischenräumen eine Kontrolle und Regelung des Fischbestandes und eine Behandlung des einen grossen Teil der Fischnahrung erzeugenden Untergrundes. Man unterscheidet in der Teichwirtschaft zwei durchaus verschiedene, einander in vielen Punkten entgegengesetzte Arten, die Karpfenteichwirtschaft für warme und stagnierende, die Forellenteichwirtschaft für kühle, tiefe und durchströmte Teiche. Die ursprüngliche Heimat der Forellen liegt im Gebirge, diejenige des Karpfens im Flachlande. Der Verschiedenheit des früheren Wohnsitzes entspricht die verschiedene Lebensweise und die unterschiedliche teichwirtschaftliche Behandlung beider Fischarten. Man überlässt die Erzeugung und Aufzucht der Brut heute nicht mehr der Natur, sondern hat beide in besondere Obhut genommen, indem man den Karpfen nach dem Dubisch-System in besonderen kleinen Teichen ablaichen lässt, die Brut von dort in die Vorstreckteiche und die Brutstreckteiche, später die einsömmerigen Fische in die Streckteiche und im dritten Jahre in die Abwachsteiche überführt, während bei der Forelle das weit künstlichere Verfahren der künstlichen Befruchtung durch Abstreichen der Eier vom Rogner und Vermischen derselben mit dem auf gleiche Weise gewonnenen Samen des Milchners Platz greift. In Bruttrögen unter Zufluss reinen Wassers wird die Brut zur Entwickelung, dann in die Brutteiche und später in die Streck- oder Abwachsteiche gebracht.

Neben diesem Vollbetriebe der Teichwirtschaft ist der für weite Kreise nicht berufsmässiger Fischzüchter geeignete, neuerdings in Deutschland zu ganz besonderer Bedeutung gelangte **Nebenbetrieb in den zahlreichen einzeln gelegenen kleinen Teichen** und nicht ablassbaren Tümpeln in Feld und Wald zu nennen, in welche nur aufgekauftes Besatzmaterial zwecks Entwickelung bis zur Speiseware eingesetzt wird. In den Karpfenteichen kommen als Nebenfische Schleie und Hecht und einige andere mehr gelegentlich gezüchtete Fische, in den Forellenteichen die beiden aus Amerika eingeführten Arten des Bachsaiblings und der Regenbogenforelle hauptsächlich in Betracht.

In besonderem Maße hat sich die **wissenschaftliche Forschung** neuerdings der Teichwirtschaft angenommen. Man ist bestrebt, eine rationelle Fütterungslehre für Fische zu begründen, die zweckmässigsten, raschwüchsigen Fischrassen zur Besetzung von Teichen kennen zu lernen, die Krankheiten der Fische, ihr Wachstum und dessen anatomische Kennzeichen zu erforschen u. a. m. Die Erfolge der wissenschaftlichen Teichwirtschaftslehre haben sich auch bereits in der **Wildfischerei** eingebürgert. Mit den Erzeugnissen der künstlichen Fischzucht sucht man den Fischbestand der geschädigten Wildgewässer wieder zu heben. Millionen von Lachsbrut werden alljährlich den deutschen Flüssen zugeführt, um diesen wertvollen und schmackhaften Fisch unseren Gewässern möglichst zu erhalten. Neben der wirtschaftlichen Ausgestaltung der Wildfischerei und neben der Teichwirtschaft ist als dritter Zweig der praktischen Fischerei die Seenbewirtschaftung nicht zu vergessen. Nachdem man an der Hand wissenschaftlicher Forschung die Lebensbedingungen der Fische, die Erfordernisse für ihre Laichablage und Aufzucht kennen gelernt hat, gewann bald der in der Landwirtschaft längst anerkannte Grundsatz vom „Säen und Ernten" auch für die Binnenfischerei die ihm zukommende Bedeutung. Vertilgung der Raubfische und Fischfeinde, Schaffung von Laichplätzen für Edelfische, Auswahl schnellwüchsiger Rassen wie bei der Viehwirtschaft, Schonung des Bestandes durch seltene Befischung und geringere Beunruhigung der Fische sowie durch Beachtung von Mindestgewichten sind die Faktoren, welche die Erträgnisse der Seenbewirtschaftung bedingen. Die früheren Anschauungen vom unbedingten Schonen kleinerer Fische sind dabei als veraltet zu betrachten. Eine starke Nahrungskonkurrenz allzu zahlreicher Individuen gibt nicht die Möglichkeit einer gedeihlichen Entwickelung grösserer Marktfische, so dass eine starke Dezimierung übermässiger Fischbestände, insbesondere soweit minderwertige Fischarten in Betracht kommen, auch wenn sie „untermaßig" sein sollten, geboten erscheint. Die Fischer haben erkennen gelernt, dass die Fische nicht nur von selbst heranwachsen, um dem Menschen als willkommene Beute anheimzufallen, sondern dass man sich rühren und tummeln muss, dass es notwendig und nützlich ist, Aufwendungen aus eigener Tasche zu machen, um den Gewässern auch wieder wirtschaftliche Erträge abzugewinnen.

Neben der Ausübung der Fischerei als Beruf hat die Körper und Geist stärkende Sportfischerei in Deutschland eine grosse Verbreitung. Eine grosse Zahl von Angler-Vereinen sammelt die Interessenten. Viele dieser Vereinigungen lassen sich eine pflegliche Ausübung der Sportfischerei ganz besonders angelegen sein, indem sie die Angler zur Selbstzucht und zur Befolgung der gesetzlichen Vorschriften anhalten, Sportgewässer schaffen und Fischaussetzungen in diese vornehmen, unberechtigte Fischer von den Gewässern fernhalten helfen u. a. m.

Eine zuverlässige Statistik der Erträgnisse der deutschen Binnenfischerei existiert leider noch nicht. Nur hier und da ist es möglich gewesen, einen Einblick in die unseren Binnengewässern durch den Fischfang abgerungenen Werte zu gewinnen oder rechnerische Rückschlüsse auf diese Werte zu ziehen. Wie bedeutend diese Erträgnisse zum Teil sind, beweist deutlich eine vom Bayerischen Landesfischerei-Verein im Jahre 1903 aufgestellte teichwirtschaftliche

Statistik.*) Danach beläuft sich die Gesamtfläche der bayerischen Teiche auf rund 13 300 ha. Hierauf entfallen 25 000 Teiche, von denen 23 000 ablassbar sind. 90 % der Teiche dienen der Karpfenwirtschaft, 10 % für die Aufzucht von Salmoniden. Der Wert der Karpfenteiche wird auf 4 Millionen Mark geschätzt.

Der Handel mit Süsswasserfischen hat in Deutschland in den letzten Jahrzehnten entsprechend der weiteren Ausbreitung der Teichwirtschaft und dem Steigen der Fischpreise einen erheblichen Aufschwung genommen. Staatsbehörden und Kommunen lassen sich eine besondere Fürsorge für den Fischhandel angelegen sein. In grösseren Städten sind zur Regulierung der Preise und zur Erleichterung des Absatzes Fischauktionen eingerichtet, welche allerdings noch nicht überall die wünschenswerte Anerkennung seitens der Interessenten finden. Welche gewaltigen Werte im Fischhandel umgesetzt werden, beweisen folgende Angaben: Im Jahre 1902 belief sich der Jahresumsatz in Berlin auf rund 138 450 Zentner im Werte von etwa 8 248 950 Mk., wovon etwa 3 770 950 Mk. oder rund 49 950 Zentner auf lebende, d. h. also Süsswasserfische entfielen, während bei den toten Fischen der Anteil der See- und Süsswasserfische nicht ohne weiteres angegeben werden kann. Diese anscheinend hohen Zahlen erscheinen in Berücksichtigung der Einwohnerzahl der Millionenstadt und ihrer Vororte auf den Kopf berechnet gering, was sowohl auf die noch immer mangelnde Erkenntnis des Wertes von der Fischnahrung in breiteren Schichten, wie auch auf die hohen Preise zurückzuführen ist.

Für den Transport lebender Fische bestehen in Deutschland zahlreiche Erleichterungen, so z. B. sind besondere Eisenbahnwagen mit Kühlvorrichtungen oder mit Behältern und Wasserdurchlüftung, ferner besondere patentierte Transportgefässe, nicht minder auch gewöhnliche Fischtransportfässer und -kannen unter Beobachtung bestimmter Vorschriften auf den Eisenbahnen zur Beförderung zugelassen. Fische werden mit Personen- und Eilgüterzügen zum Satze für gewöhnliches Frachtgut oder mit Schnellzügen zum Satze für Eilgut befördert. Zur schnelleren Umladung der Fische auf Durchgangs- und Übergangsstationen sind besondere Vorrichtungen getroffen; auch können Fischsendungen gegen Entrichtung einer geringen festen Gebühr diesen Stationen und der Empfangsstation telegraphisch vorgemeldet werden. Zur Zeit wird von den Interessenten

---

*) „Allg. Fischerei-Ztg.", XXIX. Jahrg., München 1904, S. 130 ff.

noch eine Abänderung der Bestimmungen über die Lieferfristen angestrebt.

Einen Überblick über Deutschlands Ein- und Ausfuhr an Süsswasserfischen im Jahre 1905 gibt die folgende Tabelle:

	Eingeführt: dz	Ausgeführt: dz
Süsswasserfische, frisch, lebend	29 213	3005
„ „ tot	48 890	19 278

Über die Verteilung der in der deutschen Binnenfischerei beschäftigten Personen auf die einzelnen Bundesstaaten gibt die folgende, auf die letzte grosse Berufs- und Gewerbezählung vom Jahre 1895 gegründete, noch heute im grossen und ganzen zutreffende Übersicht Aufschluss:*)

Verteilung der fischereitreibenden Bevölkerung und der Zahl der Fischereibetriebe auf die deutschen Bundesstaaten.

Name des Verwaltungsbezirks	Binnenfischerei nach der Berufsstatistik			nach der Gewerbestatistik		
	Fischer im Hauptberuf	Angehörige, Dienstboten	Fischer im Nebenberuf	Hauptbetriebe	Nebenbetriebe	Gewerbetätige Personen
Königreich Preussen	11 593	26 204	3 726	6 968	2 406	10 883
„ Bayern	787	1 371	563	579	433	815
„ Sachsen	149	257	58	94	46	128
„ Württemberg	88	147	103	69	93	83
Grossherzogtum Baden	492	750	483	322	353	500
„ Hessen	116	243	43	74	28	107
„ Mecklenburg-Schwerin	608	1 158	95	311	62	615
„ Sachsen-Weimar	14	37	17	9	17	19
„ Mecklenburg-Strelitz	126	274	11	41	1	163
„ Oldenburg	23	78	24	41	24	62
Übertrag	13 996	30 519	5 123	8 508	3 463	13 375

*) Ausführliche statistische Nachweisungen finden sich in: „Das deutsche Fischereigewerbe", Teil I. Eine statistische Darstellung auf Grund der Berufs- und Gewerbezählung von 1895. Von Regierungsrat Dr. W. Dröscher. „Zeitschrift für Fischerei." XII. Bd., H. 3/4. Berlin 1905.

Binnenfischerei.

Name des Verwaltungsbezirks	Binnenfischerei nach der Berufsstatistik			nach der Gewerbestatistik		
	Fischer im Hauptberuf	Angehörige, Dienstboten	Fischer im Nebenberuf	Hauptbetriebe	Nebenbetriebe	Gewerbetätige Personen
Übertrag . . .	15 996	30 519	5 123	8 508	3 463	13 375
Herzogtum Braunschweig . .	8	18	8	7	5	8
„ Sachsen-Meiningen	4	14	10	4	8	5
„ Sachsen-Altenburg	4	11	13	4	7	5
„ Sachsen-Coburg-Gotha	6	11	5	2	4	2
„ Anhalt	38	55	12	24	12	36
Fürstentum Schwarzburg-Sondershausen .	1	2	1	—	1	—
„ Schwarzburg-Rudolstadt . .	2	8	9	—	6	—
„ Waldeck	—	—	—	—	—	—
„ Reuss ä. L. . .	—	—	1	—	1	—
„ Reuss j. L. . . .	2	4	3	1	3	1
„ Schaumburg-Lippe	39	90	8	32	4	47
„ Lippe	—	—	—	1	2	2
Staat Lübeck	28	40	6	13	1	30
„ Bremen	42	98	11	21	9	32
„ Hamburg	148	408	33	145	20	251
Reichsland Elsass-Lothringen	259	533	155	194	121	248
Deutsches Reich	14 577	31 811	5 398	8 956	3 667	14 042

Im ganzen Deutschen Reiche waren am 15. Juni 1895 im Hauptberuf 24 721 Berufsfischer mit 55 357 Angehörigen und Dienenden. d. h. im ganzen 80 078 Personen beschäftigt, von denen 14 577 Berufsfischer im Hauptberuf (oder 58,97 %) mit 31 811 Angehörigen und Dienenden, im ganzen demnach 46 388 Personen auf die Binnenfischerei entfallen. Auf 100 qkm Fläche kommen im Deutschen Reiche 2,3 Binnenfischereitreibende. Für die einzelnen Bundesstaaten stellt sich das Verhältnis wie folgt:

Auf 100 qkm Fläche entfielen 1895:

in Preussen . . . . 2,7 Fischereibetriebe
„ Bayern . . . . 1,3 „
„ Sachsen . . . . 1,0 „
„ Württemberg . . . . . . 0,8 „
„ Baden . . . . 4,4 „

in Mecklenburg-Schwerin . . 2,8 Fischereibetriebe
" Hessen . . . . 1,3 "
" Hamburg . . . . 39,7 "
" Elsass-Lothringen . . . . 2,1 "

Auf einen Berufsfischer kommen in der Binnenfischerei 2,18 Angehörige und Dienende. Von den 7478 im Nebenberuf Fischerei treibenden Personen kommen 72,2 % = 5398 Personen auf die Binnenfischerei. Diese Zahl macht 27 % der im ganzen im Haupt- und Nebenberuf in der Binnenfischerei tätigen 19975 Personen aus. An der Ausübung der Fischerei sind in Deutschland überhaupt 32199 Personen berufsmässig (im Haupt- und Nebenberuf) beteiligt, davon 62 % in der Binnenfischerei. Nach der Gewerbezählung von 1895 ergeben sich etwas abweichende Zahlen, indem von 16164 Hauptbetrieben mit 26192 gewerbetätigen Personen und von 4501 Nebenbetrieben mit unbekannter Zahl der tätigen Personen 8956 Hauptbetriebe (= 55,4 %) mit 14042 gewerbetätigen Personen und 3667 Nebenbetriebe (= 81,5 %) auf die Binnenfischerei entfallen. Von insgesamt 12623 Fischereibetrieben in der Binnenfischerei waren also 70,9 % Haupt- und 29,1 % Nebenbetriebe. Auf 1000 der Gesamtbevölkerung kommen 0,89 Binnenfischereitreibende, auf 1000 der Gesamtzahl der Erwerbstätigen 0,7 Binnenfischereitreibende.

Unter den 207 bei der Zählung von 1895 unterschiedenen Berufsarten nimmt die Binnenfischerei nach der Gesamtzahl der Berufsbevölkerung die 106. Stelle, nach der Zahl der Erwerbstätigen die 122. Stelle ein. Auf 1000 Gewerbehauptbetriebe entfallen 5,1 Binnenfischereihauptbetriebe.

Für die einzelnen Ströme Deutschlands verteilt sich die Fischereibevölkerung wie folgt:

Für den Rhein und Bodensee . . . 3073 Personen
" " Neckar . . . . 362 "
" " Main . . . . 1160 "
" die Mosel . . . . 402 "
" " Ems . . . . 279 "
" " Weser . . . . 836 "
" " Elbe . . . . 3499 "
" " Saale . . . . 522 "
" " Oder . . . . 4107 "
" " Weichsel . . . . 1905 "
" " Donau . . . . 512 "
" " Iller . . . . 19 "
" den Lech . . . . 78 "
" die Isar . . . . 271 "
" den Inn . . . . 138 "

35 % der gesamten Fischereibevölkerung der Binnenfischerei nehmen demnach an der Fischerei in den wichtigsten deutschen Strömen teil.

42,2 % aller Binnenfischer betreiben einen Nebenberuf, und zwar in 39,5 % Landwirtschaft, 34 % üben die Fischerei im Nebenberuf aus.

53 % aller Erwerbtätigen betreiben die Binnenfischerei selbstständig, wohl ein Zeichen für die Ertragfähigkeit dieses Gewerbes.

Die Versicherungspflicht der in der Binnenfischerei beschäftigten Personen stellt sich folgendermassen: Nach dem Krankenversicherungsgesetz vom 30. Juni 1900 sind diejenigen Fischer versichert, welche die Fischerei als stehendes Gewerbe (also als Haupterwerbszweig) betreiben. Versicherungspflichtig sind die unselbständigen Arbeiter und Gehilfen, die Betriebsbeamten mit einem unter 2000 Mark jährlich bleibenden Gehalt oder Lohn, und die Teilhaber, welche ihre Arbeitskraft dem Fischer gegen Gewinnanteil zur Verfügung stellen, nicht aber die Mitunternehmer, welche z. B. Miteigentümer an Booten und Geräten sind. Die Binnenfischer sind nach dem Unfallversicherungsgesetz nur dann versichert, wenn die Fischerei einen Teil- oder Nebenbetrieb eines landwirtschaftlichen Betriebes darstellt.

Nach dem Invalidenversicherungsgesetz vom 13. Juli 1899 sind die als Arbeiter oder Gehilfen gegen Lohn oder Gehalt beschäftigten Fischer vom vollendeten 16. Lebensjahre ab versichert, ebenso wie die Betriebsbeamten und sonstigen im Hauptberuf bei der Fischerei angestellten Personen und die vorerwähnten Teilhaber. Die Fischerei muss nicht, wie bei der Krankenversicherung, als stehendes Gewerbe betrieben werden, allerdings sind nur vorübergehende Dienstleistungen nicht versicherungspflichtig.

Reichs- und Staatsregierungen lassen der Binnenfischerei durch Gewährung von Zuschüssen an Vereine und einzelne Interessenten, Förderung fischereiwissenschaftlicher Untersuchungen, durch Anstellung von Aufsichtsbeamten, Begünstigung von Organisationen der Interessenten, Gewährung von Prämien auf die Erlegung von Fischfeinden u. a. m. nachdrücklichste Förderung zu Teil werden. Aus Reichsmitteln wird hierfür zur Zeit der Betrag von 85000 Mk. jährlich, vorwiegend zu allgemeinen Zwecken, wie Hebung der Lachszucht in deutschen Strömen, Aussetzungen in öffentliche Gewässer u. dergl., verwendet. Die spezielle Fürsorge für die

Binnenfischerei ist den einzelnen Bundesstaaten überlassen. Das Königreich Preussen hatte beispielsweise im Haushalt für die landwirtschaftliche Verwaltung im Jahre 1904 zur Förderung der Fischerei im ganzen 434597 Mk. vorgesehen, von welchem Betrage der grössere Teil auf die Binnenfischerei entfiel. Auch die Fischerei-Gesetzgebung ist Sache der einzelnen Bundesstaaten. Ihr schenkt man neuerdigs ein besonderes Augenmerk. Unter Berücksichtigung der modernen Lehren der Fischereiwissenschaft und der Wünsche der Interessenten ist eine Reihe von Abänderungen der bestehenden gesetzlichen Vorschriften geplant.

Der wissenschaftlichen Forschung auf dem Gebiete der Binnenfischerei dienen, teils direkt, teils indirekt, die folgenden Einrichtungen:

1. Königliche Versuchs- und Prüfungsanstalt für Wasserversorgung und Abwässerbeseitigung in Berlin (Leiter: Geh. Obermedizinalrat Dr. A. Schmidtmann).
2. Tierphysiologisches Institut der Königlichen Landwirtschaftlichen Hochschule in Berlin (Leiter: Geheimer Regierungsrat Professor Dr. N. Zuntz; Assistent für fischerei-physiologische Untersuchungen: Dr. W. Cronheim).
3. Die bisher dem Deutschen Fischerei-Verein gehörige Biologische und Fischerei-Versuchsstation in Friedrichshagen am Müggelsee (Leiter: Dr. Paulus Schiemenz), ist seit dem 1. April 1906 in den Besitz des Staates übergegangen und wird zu einer „Wissenschaftlichen Anstalt für Binnenfischerei", in Verbindung mit einem Lehrstuhl für Fischereikunde und einer Lehrmittelsammlung, an der Königl. Landwirtschaftlichen Hochschule ausgestaltet.
4. Königl. Bayerische Biologische Versuchsstation für Fischerei in München (Leiter: Professor Dr. Bruno Hofer).
5. Biologische Station in Plön (Leiter: Dr. Otto Zacharias).
6. Teichwirtschaftliche Versuchsstation der Landwirtschaftskammer für die Provinz Schlesien in Trachenberg (Leiter: Dr. C. Hoffbauer).

Ein besonders grosser Spielraum ist in Deutschland der Betätigung der Fischereivereine eingeräumt.

Die Fischereivereine bilden gewissermassen das Bindeglied zwischen den Behörden und den Fischereiinteressenten in Deutschland. In fast allen Bundesstaaten und sämtlichen preussischen Provinzen sind besondere Landes- und Provinzial-Fischereivereine entstanden, welche neben den von ihren Mitgliedern aufgewendeten Beträgen erhebliche Zuwendungen aus öffentlichen Mitteln erhalten. Die Tätigkeit der Fischereivereine ist nach ihrer örtlichen Lage und ihrem Umfange eine verschiedene und erstreckt sich nicht nur auf die Bevölkerung der Gewässer mit Besatzmaterial, sondern auch auf die Belehrung der Fischereikreise durch Kurse und Vorträge, Herausgabe von Druckschriften, Anlage von Büchereien und Lehrsammlungen, Vermittelung von Besatzmaterial für Besitzer geschlossener Gewässer, Unterstützung der Anlage von Teichwirtschaften, Gewährung von Prämien auf Erlegung von Fischraubzeug und Entdeckung von Fischfrevlern, Gründung von Einkaufs- und Wirtschafts-Genossenschaften, Rechtsschutz, Nachweis von Personal und Sachverständigen u. a. m. Die deutschen Landes- und Provinzial-Fischereivereine finden eine Vertretung ihrer Interessen im Deutschen Fischerei-Verein, bei welchem sie als „angeschlossene Vereine" gelten.

Unter dem huldvollen Schutze Seiner Majestät des Kaisers, seines Allerhöchsten Protektors, übt der Deutsche Fischerei-Verein seit mehr als 30 Jahren seine Tätigkeit im Interesse der deutschen Binnenfischerei aus. Nachdem er ursprünglich seit 1885 auch die Seefischerei umfasste, ist ihm durch die selbständige Organisation des Deutschen Seefischerei-Vereins im Jahre 1894 aus der Sektion für Küsten- und Hochseefischerei des Deutschen Fischerei-Vereins die Binnenfischerei als alleiniges Arbeitsgebiet geblieben. Es gehören ihm zur Zeit 23 „angeschlossene Vereine" in allen Teilen des Reiches an. Der Verein sucht satzungsgemäss seine Ziele zu erreichen durch:

a) eine alljährlich stattfindende Hauptversammlung seiner Mitglieder;
b) gemeinsame Arbeit und Beratung mit Abgesandten der angeschlossenen Vereine (Fischereirat) und des Deutschen Seefischerei-Vereins;
c) Fischereitage, auf welchen die wichtigen Tagesfragen der Fischerei zur Besprechung kommen, wenn tunlich in Verbindung mit Fischerei-Ausstellungen;
d) Durchführung wissenschaftlicher Versuche zum Zweck der Erforschung der biologischen Grundlagen einer rationellen Fischzucht und Fischhaltung; Begründung von biologischen und Fischerei-Versuchsstationen;
e) Einsetzung von Ausschüssen zur Beratung einzelner, besonders wichtig erscheinender Tagesfragen;
f) Preisausschreiben zur Bearbeitung praktisch oder wissenschaftlich bedeutsamer fischereiwirtschaftlicher Fragen;
g) Massregeln zur Vermehrung der Wanderfische und sonstigen Nutzfische;

h) Sammeln und Verbreiten von erprobten praktischen Erfahrungen und von wissenschaftlichen Forschungs-Ergebnissen auf dem Gesamtgebiet der Fischereiwirtschaft durch seine Zeitschriften und sonstigen Veröffentlichungen;
i) Einrichtung von Fischerschulen, Abhaltung von Fischereikursen, Entsendung von Wanderlehrern;
k) Begründung von Auskunftsstellen und Einrichtung von Vermittelungsstellen für den An- und Verkauf von Fischereiprodukten oder fischereilichen Bedürfnissen.

Die vom Deutschen Fischerei-Verein zur Verfolgung seiner Ziele herausgegebenen Schriften befinden sich in der Ausstellung.

Gruppe 57.
Materialien und Geräte für den Fischfang.

Ferdinand Aue, Reusenfabrikant,
Lunow a. d. Oder, Bahnstation: *Lüdersdorf.*

Aalreusen, 115 bis 160 cm lang, mit einem Einlauf von 25 bis 46 cm. Die Reusen werden aus schmalen Kiefernholzstäben gearbeitet und mit präparierten Kiefernwurzeln oder auch mit spanischem Rohr derartig durchflochten, dass die Wurzeln den Korb schraubenförmig von Anfang bis zu Ende umlaufen. Am Ende und in der Mitte des Korbes befindet sich je eine an ihrem Ende zugespitzte Kehle. Am Anfang der Reuse sind die Spliesse zu einer Spitze so zusammengeflochten, dass sie eine runde Öffnung bilden, welche mittels eines passenden Holzpfropfens oder — bei kleinen Reusen — einer Tür verschlossen wird; durch sie werden die gefangenen Aale aus der Reuse hinausgeschüttet.

Krebsreusen, 72 cm lang, 21 cm in Durchmesser. Die Krebsreusen werden aus demselben Material wie die Aalreusen hergestellt. Die einzelnen Spliesse sind in Abständen von etwa 1 cm zusammengeflochten. Die Reuse ist vollkommen zylindrisch und hat zwei Eingänge; an jedem Ende befindet sich eine Kehle, die aus kegelförmig zusammenstrebenden Spliessen besteht, deren Enden zugespitzt sind. In der Mitte der Krebsreuse befindet sich die zur Entleerung bestimmte Tür.

Um die Reusen für den Gebrauch vorzubereiten, empfiehlt es sich, sie in das Wasser zu legen und so lange liegen zu lassen, bis sie von selbst untergehen, wozu ein Zeitraum von etwa 14 Tagen nötig ist. Die Reusen können aber auch ohne diese Vorbereitung Verwendung finden, wenn sie durch Steine, Eisenstücke oder dergl. beschwert werden. Jede Reuse wird mit einem 1 bis $1^1/_2$ m langen Strick oder einer Kette versehen, welch letztere an einer quer über den Wasserlauf geworfenen Leine oder Kette befestigt wird. Diese Art der Verwendung ist immer ratsam, sowohl in Flüssen und Seen wie auch bei Hochwasser auf Wiesen.

Heinrich Blum, Netzfabrik, *Eichstätt (Bayern)*

Einfaches Stellnetz (auch Setzgarn oder Klebgarn genannt), 20 m lang, 130 cm hoch, mit 30 mm Maschenweite. Nur für den Gebrauch in stehendem Wasser, also in Seen, Teichen und Tümpeln zu verwenden.

Stell- und Treibnetz (Spiegelnetz), 20 m lang, 150 cm hoch, mit 35 mm Maschenweite, für stehendes oder langsam fliessendes Wasser.

Sowohl mit den einfachen Stellnetzen wie mit den Spiegelnetzen können alle Fischgattungen von $^1/_8$ Pfund bis zu 25 Pfund gefangen werden. Spiegelnetze sind dreiwantige Netze, bestehend aus einem engmaschigen Mittelnetz und einem ganz weitmaschigen Netz auf jeder Seite. Diese Netze bieten den Vorteil, dass sich die Fische nicht mit dem Kopfe in den Maschen fangen, wie bei einfachen Stellnetzen, sondern jeder einzelne Fisch fängt sich in einem Beutel, indem er mit dem Mittelnetze — Busen, auch Eingarn genannt — durch die weite, sogenannte Spiegelmasche der Aussenseite schlüpft, wodurch sich ein Beutel bildet, welchen der Fisch durch seine Bewegung sofort selbst schliesst, so dass er nicht entweichen kann. Sämtliche Stellnetze fangen selbsttätig. Diese Netze werden gewöhnlich am Abend gestellt, am nächsten Tage mit den Fischen wieder gehoben und, nachdem diese ausgelöst sind, ausgewaschen und getrocknet.

Mit dem Stell- und Treibnetz werden in fliessendem Wasser an Stellen, wo das Wasser langsam fliesst und ziemlich tief ist, also auch in Gumpen (Tümpeln), gute Erfolge erzielt. Als Stellnetze werden die Netze an geeigneten Stellen eingelegt (gestellt) und 12 bis 24 Stunden im Wasser gelassen, auf welche Weise sich die Fische ohne weiteres Zutun von selbst fangen. Auch in Seen und Teichen werden mit diesen Netzen, sowohl als Stell- wie auch als

Treibnetze angewendet, Erfolge erzielt. Die Stellnetze können nicht in klarem und reinem Wasser gebraucht werden, sondern eignen sich namentlich zum Fange an Stellen, welche mit Schilf, Rohr und anderen Wasserpflanzen bewachsen sind.

Spannnetz (Spiegelnetz), auch Treibnetz, Staknetz, Sprenggarn genannt, 15 m lang, 2 m hoch, mit 30 mm Maschenweite, für alle fliessenden Gewässer, eignen sich für Flüsse, Bäche, Kanäle und Gräben. Um in solchen Gewässern zu fischen, wird das Netz quer über das Wasser gespannt und die Fische ebenfalls mittelst Treibstangen wasserabwärts in das Netz getrieben. Bei Anwendung in fliessendem Wasser soll das Netz ungefähr $1/2$ m höher sein als das Wasser an der tiefsten Stelle tief ist, damit es der Strömung weniger Widerstand leistet und eine bauchartige Wölbung gleich einem Hamen bilden kann.

Forellenstangengarn (Spiegelnetz), 4 m lang, 1 m hoch, mit 20 mm Maschenweite, für Bäche. Forellenstangengarne sind Spiegelnetzchen, welche in kleinen Forellenbächen mittelst einer leichten Stange wasserabwärts gezogen oder quer über den Bach gestellt werden. Im ersteren Falle fangen sich die Forellen, welche stets wasseraufwärts, dem Netz entgegen, in dasselbe schwimmen, ohne weiteres Zutun, während, wenn man das Netz quer über den Bach spannt, die Fische mittelst einer Treibstange wasserabwärts in dasselbe getrieben werden.

Zugnetz für fliessendes Wasser (einfaches Netz), 30 m lang, 3 m hoch, mit 30 mm Maschenweite. Diese Art Netze werden in Flüssen und Strömen verwendet. Die einfachen Zugnetze dienen auch zum Absperren eines Flusses sowie zum Umspannen eines grösseren Platzes in Weihern, Teichen und Seen, in welchem Falle am unteren Teile des Netzes eine bis drei sogenannte Einsetzreusen eingesetzt werden, in welchen sich die mit den Netzen umstellten Fische fangen. Die Netze müssen etwa $1/2$ m höher sein als das Wasser an den tiefsten Stellen tief ist, und wenigstens 3 m länger als der abzusperrende Platz es erfordert.

Zugnetz mit Sack für Seen und Teiche (auch Waden-Grosszeug genannt), 15 m lang, 2 m hoch, mit 25 mm Wandmaschenweite, Maschenweite des Sackes 25 und 20 mm.

Engmaschige Köderfischreuse für stehendes Wasser. Umfang 150 cm, mit 10 mm Maschenweite. Einschluff von beiden Seiten, mit Bügeln von verzinktem Draht und hölzernen Spannstäben.

Engmaschige Köder- und Futterfischreuse für fliessendes Wasser, Umfang 150 cm, mit 10 mm Maschenweite.

Aal-Flügelreuse mit 15 mm Maschenweite, 68 cm im Quadrat und 2 m Flügellänge.

Forellenreuse.

Reuse für fliessendes Wasser, 150 cm Umfang.

Reuse für fliessendes Wasser, 210 cm Umfang.

Reuse für fliessendes Wasser, 270 cm Umfang.

Reuse für stehendes Wasser, 210 cm Umfang.

Reuse für stehendes Wasser, 270 cm Umfang.

Die Vorteile der Garnreusen für stehendes und fliessendes Wasser (auch Watlauf, Wartlauf, Wartwolf, Bungen und Körbe genannt) gegenüber den Draht- und Holzreusen sind:

1. In zweckmässig konstruierten Garnreusen fangen sich die Fische unbeschädigt; letztere sind daher auch zum längeren Aufbewahren geeignet, während sich die Fische in Draht- und Holzreusen stark beschädigen und oftmals wie geschunden aussehen, daher in Behältern in kürzester Zeit pilzkrank werden und absterben.
2. Garnreusen bieten den grossen Vorteil, dass die Einschlüffe elastisch und so konstruiert sind, dass sich kleine und grosse Fische in der gleichen Reuse fangen können, was bei Holz- und Drahtreusen unmöglich ist.
3. Garnreusen können eng zusammengelegt und eine grössere Anzahl kann mit Leichtigkeit getragen werden, während zum Transporte von nur einigen grösseren Drahtreusen ein Fuhrwerk erforderlich ist.
4. Garnreusen aus gutem imprägnierten Netzgarn sind jahrelang verwendbar und kommen daher in Anbetracht des billigen Preises nicht teurer zu stehen als Reusen von Draht oder Holz.

Sämtliche Reusen gewähren vom Frühjahre bis zum Spätherbste in Seen, Teichen, Bächen, Gräben, Flüssen und Strömen Fang auf alle Fischgattungen und Krebse.

Flügelreusen haben Bügel von verzinktem Eisendraht, Flügel mit Korkflossen und Senkbleien und bieten folgende Vorteile: Durch die sich nach beiden Seiten in schräger Linie ausdehnenden Netzwände (Flügel) werden sämtliche Fische, welche die Stelle passieren, in die Reuse geleitet. Es können daher mit diesen Reusen Flüsse, Gräben, Kanäle, sowie engere Stellen in Seen und Teichen abgesperrt werden. Auch zum Fange von Aalen sind

Flügelreusen geeignet. Je länger die Flügel sind, desto erfolgreicher und ergiebiger ist der Fang.

Wurf- oder Spreitgarn, etwa 10 m Umfang. Die Spreitgarne (auch Wurfgarn und Kappen genannt) werden zur Fluss- und Stromfischerei angewendet. Die Anwendung der Spreitgarne ist einfach und kann mittelst eines kleinen Kahnes ausgeübt werden. Die Netze bieten den Vorteil, dass die Auszüge nicht ans Ufer erfolgen, sondern in den Kahn. Sie lassen sich daher auch bei ungünstiger Uferbeschaffenheit anwenden. Die Wurfgarne sind kleine Spreitgarne, welche aus freier Hand entweder vom Ufer oder vom Kahne aus geworfen werden. Man kann sie in fliessendem und stehendem Wasser verwenden, wenn das Wasser nicht zu tief ist und man sich die erforderliche Übung im Auswerfen angeeignet hat.

Krebsnetzchen mit zwei Bügeln. Die Fangart der Krebse mit den Netzchen ist unterhaltend und lohnend. Die Netzchen werden in ruhig fliessendem Wasser angewendet. In der Mitte des Netzchens wird ein Köder befestigt, die Netzchen mittelst einer Stange versenkt und von Zeit zu Zeit mit der Beute wieder gehoben, wie dies bei Senknetzen der Fall ist.

Fischerei-Verein für die Provinz Brandenburg,
Berlin W. 62, Lutherstr. 47.

Mitarbeiter: Hauptgeschäftsführer des Vereins Dr. L. Brühl, Berlin W. 62, Lutherstr. 47; Professor Dr. Eckstein, Eberswalde.

(Siehe auch S. 50 und 132.)

Einige Angelgeräte und künstliche Fliegen aus der Sammlung des verstorbenen Kammerherrn Max von dem Borne, Berneuchen [weiland I. Vorsitzender des Fischerei-Vereins für die Provinz Brandenburg].

(Die Fliegen sind grösstenteils von Max von dem Borne selbst angefertigt. Zur Verfügung gestellt von der von dem Borne'schen Fischerei, Berneuchen.)

Martin Dahms, Reusenfabrikant,
Lunow a. d. Oder, Bahnstation: *Lüdersdorf.*

Wehrkorb-Modell mit darauf befestigter Priepe. Der Korb ist für Aal- und Fischfang eingerichtet und kann in jeder Grösse hergestellt werden.

Aalreusen. (Vergl. S. 23.)

Krebsreusen. (Vergl. S. 23.)

Hütfass zum Einsetzen bezw. Aufbewahren von gefangenen Fischen.

Deutscher Anglerbund, e. V.,

Geschäftsstelle: *Berlin N. 37, Weissenburgerstr. 67.*

Mitarbeiter: Dr. Horst Brehm, Präsident des Deutschen Anglerbundes, Berlin N. 37, Weissenburgerstr. 67; Carl Paeske, Redakteur der Deutschen Anglerzeitung, Berlin SW. 12, Kochstr. 23/25.

(Siehe auch S. 58.)

Ein Insektenkasten mit den berühmtesten Lachsfliegen nach M. von dem Borne.

Zwei Insektenkästen mit Unterlagen zu einer Kritik des sogenannten entomologischen Systems der Fliegenfischerei, nebst Textbroschüre, zusammengestellt und bearbeitet von Dr. Brehm, Präsident des Deutschen Anglerbundes, e. V.

Das entomologische oder englische System der Fliegenfischerei beruht auf den Arbeiten von Ronalds, Ephemera, Francis-Francis, Davy u. a.; es wurde für Deutschland durch Horrocks und von dem Borne übernommen und wird von fast allen deutschen Fachschriftstellern ohne wesentliche eigene Abänderungen als feststehend betrachtet. Es behauptet, dass die künstlichen „Fliegen" für Forellen und Äschen soweit wie technisch überhaupt möglich getreue Nachbildungen entsprechender, namhaft gemachter, natürlicher Insekten seien und gemäss der Schwärmzeit sowie der Lebensverhältnisse dieser angewandt werden müssen.

Das schottische System, vertreten von Stewart, Stoddart, Cholmondely-Pennell, Norris u. a. behauptet, dass reine Phantasie-Insekten denselben Zweck bei guter Auswahl und Anwendungsform erfüllen. Die ausliegende Sammlung stellt die nach Ronalds, Horrocks, von dem Borne, Bischof u. a. zusammengestellten natürlichen Insekten, welche als Vorbild gedient haben sollen, nebst ihren angeblichen künstlichen Nachbildungen, teilweise von verschiedenen Fabrikanten ($\alpha, \beta, \gamma, \delta$) bezogen, vor und beweist, dass die Naturtreue der Nachahmungen, welche heute im Handel sind, in den meisten Fällen selbst bescheidenen Anforderungen nicht genügt, mag dieser Fehler sich auch vielleicht erst im Laufe der Jahre bei der Fabrikation eingeschlichen haben. Das theoretisch unzweifelhaft gut gedachte und praktisch möglichst anzustrebende entomologische System besteht demnach zur Zeit nur noch auf dem Papier zu Recht. Da fast alle in ihm aufgeführten Fliegen als reine Phantasieprodukte aufzufassen sind, ergibt sich auch die Berechtigung des schottischen Systems bezw. eines auf dem schottischen basierenden, etwa neu aufzustellenden Systems bestimmter Universal-Phantasiefliegen, wodurch die für den Anfänger in der Fliegenfischerei so schwierige Wahl unter zahllosen im Handel befindlichen Kunstfliegen auf eine geringe Anzahl von Typen beschränkt werden könnte. (Genaueres in der „Deutschen Anglerzeitung" 1903, Nr. 8 ff., und Dr. F. Skowronnek, „Die Fischwaid", unter: „Beitrag zur Fliegenfischerei" von Dr. Brehm.)

Es fehlen wegen der Schwierigkeit der Beschaffung zur Zeit noch einige natürliche Insekten, zumeist englische Arten, diese werden aber das entomologische System in seiner jetzigen Form nicht retten.

Wilhelm Drowin, Reusenfabrikant,
Lunow a. d. Oder, Bahnstation: *Lüdersdorf*.

Aalreusen. (Vergl. S. 23.)

Krebsreusen. (Vergl. S. 23.)

Haynauer Raubtierfallenfabrik E. Grell & Co.,
Haynau i. Schl. Niederlagen in *Berlin, Utrecht, Wien*.

Sogenannter **Deutscher Schwanenhals** zum Fangen von Fischottern.

Stangeneisen zum Fangen von Fischottern.

Sechs verschiedene Tellereisen zum Fangen von Fischottern.

Drei verschiedene Reihereisen zum Fangen von Rohrdommeln, Fischreihern, Fischadlern usw.

Schwimmfalle für Enten, Taucher usw.

Raubvogelpfahleisen zum Fangen von allen Raubvogelarten.

Zwei kleine Tellereisen zum Fangen von Eisvögeln, Wasserratten usw.

Grossherzoglich Badisches Ministerium des Innern,
Karlsruhe.

Mitarbeiter: Grossherzogl. Forstmeister Hamm, staatlicher Sachverständiger, Karlsruhe; Fischermeister Bärmann, Säckingen.

Modell einer Salmenwage in $1/_{20}$ natürlicher Grösse. Ein quadratisches Senknetz von etwa 10 m Seitenlänge, welches durch vier Schwebebalken gehoben werden kann, indem dasselbe durch vier Schnüre an den längeren Armen der Schwebebalken befestigt ist, während an den kürzeren Armen des letzteren Gewichte, meist Steine, angebracht sind. In der Ruhelage, d. h. „fängisch" aufgestellt, befindet sich das Netz etwa $1^{1}/_{2}$ m unter der Wasserfläche, während die belasteten Arme der Schwebebalken hoch gehoben sind. Diese Stellung wird durch eine ganze Reihe sehr komplizierter Stellvorrichtungen bewirkt, die im Augenblick des Fanges durch einen Handgriff vom Innern der Hütte ausgelöst werden können. Infolgedessen fallen die belasteten Arme der Schwebebalken herab, während das Senknetz in die Höhe gehoben wird und damit den Salmen fest hält, bis der Fischer ihn mit dem langstieligen Beer (siehe unten) ergriffen hat. Ein Fischer sitzt zur Fangzeit (im Sommer und Winter) bei Tag und Nacht in der Hütte und hält die zahlreichen, durch das „Gleitgarn" mit dem Netz (dem sog. „Gleiter", mit 25 cm Maschenweite) im Zusammenhang stehenden Schnüre in der Hand, um das Anlaufen eines Salmens zu fühlen. Sofort löst er alsdann von seiner Hütte aus die Stellvorrichtungen aus. Diese Salmenwagen oder Stuhlfischereien sind zum Teil Jahrhunderte alt und jetzt am Oberrhein, zwischen Laufenburg und Breisach, im Betrieb.

„Beeren" (Stielhamen) zum Herausheben der mit der Wage gefangenen Salmen. (Zur Salmenwage gehörig.)

Stange zum Abstossen des Netzes. (Zur Salmenwage gehörig.)

Modell einer Salmenreuse mit Hebevorrichtung, mit zwei Ketten in abgetrennten Kanälen des Bettes festlegbar (sog. Reusenbau), in $1/10$ natürlicher Grösse. Durch Einsenkung der „Reuse" in die zu diesem Zweck in die Felsen hineingesprengten Kanäle wird die Gewalt des abschiessenden Wassers gehemmt und dadurch dem Fische die Möglichkeit des Aufstiegs geboten, wobei er dann in die Reuse gerät. Letztere — in Wirklichkeit etwa 3 Zentner schwer — wird mittelst der Aufzugsvorrichtung, einem drehbaren „Galgenkranen" mit Flaschenzug und Sperrvorrichtung, in zeitlichen Zwischenräumen von je $1/4$ bis $1/2$ Stunde gehoben und der Fang durch das Türchen herausgenommen. Während des Hauptaufstiegs der Lachse (20. Oktober bis 24. Dezember) ist die Anwendung der Reusen verboten. Nach der Errichtung der Wasserkraftanlage bei Laufenburg wird diese Einrichtung mit der Laufenburger Stromschnelle verschwinden.

Modell einer Salmen-Schnellfalle (sog. Schnappbeeren), in $1/20$ natürlicher Grösse. Ein Senknetz, durch Schnüre an einem hinterwärts beschwerten Schwebebalken aufgehängt und durch eine Schnellfeder stellbar. Der Apparat wird beim Ufer auf künstlich angelegtem Laichplatz aufgestellt. Die Auslösung geschieht durch den auf einen männlichen Salm („Haken") als Lockfisch heranschwimmenden und die Stellvorrichtung berührenden, während der Laichzeit sehr eifersüchtigen männlichen Salm. Mit Glocke zum

Binnenfischerei.

Signalisieren der Fische. Auf der Strecke von Laufenburg bis Breisach im Rhein während der Laichzeit benutzt.

Modell einer Salmen-Schlagfalle (sog. Lachsgarnfalle), in $^1/_{20}$ natürlicher Grösse. Dient zum Fang von Lachsen mittelst Lockfisches während der Laichzeit. Die Falle wird an flachen, sandigen Stellen, wo weibliche Lachse („Lider") ihre Laichgruben anzulegen pflegen, eingesetzt. Die fremden Fische suchen den angebundenen, mit dem hinteren Drittel seines Körpers auf die Falle hineinreichenden Lockfisch zu vertreiben und werden, sobald sie den aufstehenden Stecher an der Falle berühren, durch Zuklappen der letzteren gefangen.

H. Hildebrandts Nachf. Jakob Wieland,
Spezial-Geschäft für Angelgeräte.
Eigenes und englisches Fabrikat. Gegründet 1843.
München, Ottostr. 3b.

Ein Pavillon, enthaltend:

Eine komplette Ausrüstung für Fliegenfischerei auf Forellen und Äschen in Etui.

Eine komplette Ausrüstung für Spinnfischerei auf Forellen in Etui.

Eine komplette Ausrüstung für Spinnfischerei auf Hechte und Huchen in Etui.

Eine Reiserute mit Zubehör für Fliegen- und Spinnfischerei auf Forellen in Etui.

Eine komplette Ausrüstung für Tiefseeschleppangel auf Saiblinge und Seeforellen in Blechkassette.

Fliegen, Spinner usw.

Franz Klinder, Berliner mechanische Netzfabrik
und Baumwollzwirnerei, *Neubabelsberg*.

Fischnetze aus Baumwollgarn, Hanfgarn und Zwirn, **Baumwollgarne, Hanfgarne, Modelle von fertigen Netzen.**

Königliches Museum für Völkerkunde, Vorgeschichtliche
Abteilung, *Berlin SW. 11, Königgrätzerstrasse 120.*

Mitarbeiter: Geheimer Regierungsrat Dr. Voss, Kgl. Konservator Ed. Krause, beide zu Berlin SW. 11, Königgrätzerstrasse 120.
(Siehe auch S. 89 und 136.)

Vorgeschichtliche Fischereigeräte.

Die Ausstellung bietet eine Auswahl der in der vorgeschichtlichen Abteilung in grosser Anzahl vorhandenen Fischereigeräte, und zwar sind hauptsächlich solche der reichen Bestände aus der Provinz Brandenburg zur Schau gestellt, sowie anschliessend eine Anzahl auserlesener Stücke anderer Herkunft. Die ausgestellten Stücke sind in Gestalt und Färbung naturgetreue Nachbildungen, da die Originale nicht aus dem Gebäude des Museums entfernt werden dürfen.

A. Fischereigeräte aus der Steinzeit.
I. Harpunenspitzen aus Knochen u. a. m.
a) Glatte, volle aus Knochen.

1. I f 420*) von Werbellin.
2. I f 6216 von Pritzerbe.
3. I f 7109 von Zossen.
4. I f 6214 von Pritzerbe. Mit den Marken der Befestigungsschnur.
6. I f 3739 von Berlin. Mit Rillen für die Befestigungsschnur.

b) Glatte aus Röhrknochen

7. I f 6219 von Pritzerbe.

c) Mit 1 Widerhaken.

8. I f 5224 von Ketzin. Aus Elchknochen.
9. I f 5185 von Fernewerder. Aus Elchknochen.

d) Mit 2 oder mehr Widerhaken in einer Reihe.

10. I f 5183 von Fernewerder. Aus Elchknochen.
11. I f 6210 von Pritzerbe.
12. I f 6209 von Pritzerbe.
13. I f 4718 von Döberitz.
14. I f 4719 von Döberitz.

e) Mit Einkerbungen, zum Teil als Widerhaken, zum Teil zur Befestigung der Schnur.

5. I f 5196 von Ferchesar.
15. I f 5200 von Ferchesar.
16. I f 5195 von Ferchesar.
17. I f 7110 von Zossen.

f) Mit Widerhaken in zwei Reihen.

18. I f 4717 von Döberitz.
19. I f 6208 von Pritzerbe.

(Diese beiden Stücke aus Elchhorn gleichen fast genau solchen, die in paläolithischen Höhlenwohnungen Südfrankreichs gefunden sind.)

---

*) Diese Nummern entsprechen den an den Originalen angebrachten Katalognummern des Kgl. Museums für Völkerkunde.

g) Aus Elchknochen, mit eingesetzten Schneiden und Widerhaken aus Feuerstein.

20. II 5916 von Perkallen, Ostpreussen.
21. II 1640 aus Ostpreussen.
22. VI c 412 von Höfderup, Schweden.

II. Pfeilspitzen.
a) Aus Knochen, weidenblattförmig.
23. II 5641 von Memel.
24. II 5642 von Memel.
25. II 5644 von Memel.
26. II 5645 von Memel.

b) Aus Feuerstein, spitz
27. I f 2647 vom „Heiligen Land" am Eiderfenn bei Reinickendorf-Rosenthal.
28. I f 1105 vom Cladower Sandwerder in der Havel.
29. I f 1373a vom Schmöckwitzer Werder.
30. I f 2255 desgleichen.

c) Aus Feuerstein, mit Querschneide.
I f 1913a von Rhinow.
I f 1291 desgleichen.

III. Angelhaken aus Knochen, Hirsch- oder Elchhorn.
I f 5771 von Fernewerder.
34. VI c 416 von Billeberga, Schweden.
35. I f 4762 von Ferchesar.
36. I f 5209 desgleichen.
37. I f 4760 von Ferchesar. Aus Elchhorn.
38. I f 4763 desgleichen.

V.*) Haken zum Aufholen von Angelleinen und Reusen.
41. I f 5211 von Ferchesar. Aus Hirschhorn gefertigt.

VI. Geräte unbekannten Gebrauches, welche mit anderen Fischerei- und Jagdgeräten in Wildfanggruben gefunden wurden.
42. I f 5190 von Fernewerder. Aus Elchhorn.
44. I f 5769 von Zackow. Mit vielen Einkerbungen versehen. Anscheinend aus dem Schulterblatt eines grossen Säugetieres gefertigt.

---

*) IV befindet sich in Gruppe 59, s. S. 136.

VII. Fischkeule.

43. I f 7094 von Ketzin a. H. Aus einem Schädelstück und dem daran festhaftenden unteren Teil einer Elchschaufel verfertigt.

B. Fischereigeräte aus der Bronze-Zeit.

45. VI c 141 Harpunenspitze, aus einem Röhrenknochen gefertigt; mit vielen Punktkreisen und drei aus halben Punktkreisen gebildeten Querbändern. Von Flädie, Schweden. (Kann auch jüngeren Alters sein.)
46. I f 11168 Harpunen-Pfeilspitze aus Bronze. Von Burg im Spreewalde. Der eigentümliche Sporn an der Schafttülle dient sowohl zum Festhalten der Schnur der Harpune, wie auch als Widerhaken nach dem Eindringen in das Fleisch des getroffenen Fisches.
47. I f 3281 Pfeilspitze aus Knochen, rund. Vom „Heiligen Land" am Eiderfenn bei Rosenthal-Reinickendorf.
48. I f 3281 desgleichen 4 kantig. Ebendaher.
49. I f 3281 desgleichen 3 kantig. Ebendaher.
50. I f 3828 Pfeilspitze mit Blatt. Aus Knochen. Von Wandlitz.
51. I f 3287 desgl. Vom „Heiligen Land" bei Rosenthal-Reinickendorf.

(Nr. 47, 48, 49 und 51 wurden mit noch anderen knöchernen Pfeilspitzen in einem Beigabengefäss gefunden.)

52. I f 11169 Angelhaken aus Bronze. Von Burg im Spreewalde.

C. Fischereigeräte aus der Hallstatt-Zeit.

53. II 3790 Angelhaken aus Bronze. Von Pritzerbe.
54. II 10674 Doppel-Angelhaken aus Bronze, mit Vorfach aus Bronze. Moorfund. Von Reesen, Altmark.

D. Fischereigeräte der wendischen oder slavischen Zeit.

55. I f 6597 Speerspitze aus Röhrenknochen. Von Ketzin a. H.
56. I f 1170 Hechtgabel aus Eisen.
57. I f 1171 desgleichen.
58. I f 1166 Schlittknochen.
59. I f 1167 desgleichen.
60. I f 1140 Eisstockspitze (?), aus dem Stirnzapfen einer Ziege (?) angefertigt. Vermutlich beim Schlittschuhlaufen (s. Nr. 58 und 59) als „Pieke" benutzt. Mit Hakenkreuz und anderen Verzierungen geschmückt.

(Nr. 56 bis 60 stammen aus der wendischen Schicht des abgetragenen Burgwalles bei Ketzin a. H.)

61. Nachbildung in natürlicher Grösse einer Entenfalle aus Eichenholz von Gross-Lichterfelde (vergl. die Schrift von Eduard Krause: „Vorgeschichtliche Fischereigeräte". Berlin 1904, S. 156 bis 168 und Abb. 610).

Joseph Kraatz, Fischermeister, *Angermünde*.
(Siehe auch S. 91.)

Modell einer Reuse oder Bunge mit sechs Kehlen (Eingängen) nach Kraatz.

Die sechskehlige Reuse soll den Fischen das Einschlüpfen von allen Seiten ermöglichen, im Gegensatz zur gewöhnlichen Bunge oder Ballreuse, bei welcher der Fisch nur durch zwei Kehlen einschlüpfen kann. Dieselbe wird daher ausser Frage viel fängiger auf alle Arten Fische sein.

Reuse oder Bunge mit sechs Kehlen im Original.

Modell eines modernen Aalsackes mit Rückfang und Kette, geeignet zum Abstellen von Gräben.

Eduard Krause, Konservator am Königlichen Museum für Völkerkunde zu Berlin, *Berlin SW. 11, Königgrätzerstr. 120*.
(Siehe auch S. 42, 91 und 136.)

Druckwerk: Vorgeschichtliche Fischereigeräte und neuere Vergleichsstücke. Eine vergleichende Studie als Beitrag zur Geschichte der Fischerei. Von Eduard Krause, Konservator am Königlichen Museum für Völkerkunde zu Berlin. 8°, XII und 168 Seiten Text. Mit 648 Abbildungen auf 16 Tafeln und im Text. Berlin 1904, rüder Borntraeger. (Hierin: Wasserfahrzeuge, S. 4 bis 21,). 1 bis 18.)

Zwei Wandtafeln. Zusammenstellung der **16 Tafeln obigen Druckes.**

Druckwerk: Die Werktätigkeit der Vorzeit. Von Eduard Krause. Konservator am Königlichen Museum für Völkerkunde zu Berlin. Mit einer Einführung: Die Anfänge der Technik. Von Dr. Max von Eyth, Geheimer Hofrat zu Ulm. 4°, VII und 96 Seiten Text. Mit vielen Abbildungen und Tafeln. Berlin 1904, Deutsches Verlagshaus Bong & Co.

Sechs Tafeln: Photographien und Zeichnungen von vorgeschichtlichen und neueren Fischereigeräten. Hauptsächlich nach Originalen im Königlichen Museum für Völkerkunde zu Berlin. (Vergl. die Ausstellung der vorgeschichtlichen Abteilung des Museums.)

Eine Wandtafel: Die Entwickelung des Angelhakens von der Steinzeit bis heute. Getuschte Zeichnungen.

Angelhaken verschiedener Völker. (1 Tafel.)

Die Herstellungsstufen moderner Angelhaken. Zusammenstellung der Nähnadel- und Angelhakenfabrik von Herbers in Iserlohn. Dabei ein grosser Welshaken aus Mecklenburg. (1 Tafel.)

Harpunenspitzen und Harpunenmodell von Alaska. (1 Tafel.)

Netznadeln verschiedener Herkunft und **eine Fischschlinge** von Tegel bei Berlin; **eine Harpune**, Schweizer Pfahlbau (Imitation). Die Fischschlinge, sonst verboten, wird auf Seen der Provinz Brandenburg noch jetzt mit Berechtigung gebraucht, und zwar im Röhricht vom Kahne aus im Herbst und Winter. Das ausgestellte Stück ist nur der untere fangende Teil; der Stiel fehlt. Das Gerät ist im ganzen etwa 2 m lang. Das ausgestellte Stück ist nur als Modell zu betrachten; die spreizenden, federnden Arme, sowie die Schnur sind für den tatsächlichen Gebrauch zu dick. Beim Fischfang mit der Schlinge befinden sich zwei Fischer im Kahne. Der Fischer, welcher die Schlinge handhabt, steht im vorderen Teil des Kahnes und späht in das Wasser, während der Kahn möglichst ruhig und geräuschlos dahingleitet, von dem im Hinterteil des Kahnes sitzenden Fischer langsam vorwärts getrieben. Handzeichen des vorn stehenden Fischers geben dem Ruderer die Weisung für die Steuerung des Kahnes. Die Schlinge wird, weit geöffnet, wie an dem ausgestellten Stück, dem Fisch vorsichtig von vorn übergestreift, wobei jede heftige Bewegung, jede Berührung des Fisches peinlichst vermieden werden muß. Ist die Schlinge hinter dem Kopfe angelangt, so wird das Gerät schnell hochgezogen, und der Fisch ist gefangen.

Netzsenker und Schwimmer (1 Tafel):

a) 2 Netzsenker aus gebranntem Ton. Mittelalterlich. Von Gross-Besten, Provinz Brandenburg.

b) 2 Netzsenker aus gebranntem Ton. Rohe Handarbeit; als zu schwer befunden und verworfen. Tegel bei Berlin.

c) Netzsenker aus gebranntem Ton. Drehscheibenarbeit. Als passender Ersatz der vorigen verwendet. Tegel bei Berlin.

d) Netzschwimmer aus Borke; mit b und c gebraucht. Tegel bei Berlin.

e) 3 Netzsenker aus durchbohrten Ziegelstücken, welche durch sehr langen Gebrauch stark abgenutzt sind. Havelland. [b) bis e) modern.]

Otto Kuschke, Fischereibesitzer, *Gatow bei Vierraden.*

Zwei Modelle von Ballreusen. Die Originale werden zum Schlei- und Hechtfang benutzt, sind 70 cm hoch, haben eine Maschenweite, von Knoten zu Knoten gemessen, von 30 mm und im aufgestellten Zustande eine Länge von 1,20 m.

Drei Modelle von Aalkörben. Das grösste Original ist 1,50 m lang und 30 cm hoch. Es wird an der weiter unten bezeichneten Aalreuse angebracht. Die beiden kleineren Originale werden als Repkörbe benutzt oder an kleineren Aalreusen angebracht.

Zwei Modelle von Aalreusen. Die Originale werden in zwei Grössen angefertigt. Die grössere Aalreuse ist im Original vier- auch fünfbügelig, hat zwei Kehlen, einen Rumpfdurchmesser von 75 cm, eine Länge von 2 m, eine Flügellänge von 3,25 m und eine Maschenweite von 20 mm. Die kleinere Aalreuse ist im Original dreibügelig, hat eine Kehle, ist 3 m lang, 60 cm hoch und hat eine Maschenweite von 2 cm.

Kescher zur Entnahme der Fische aus dem Behälter.

Ernst Mahnkopf, Grossfischermeister, *Spandau, Kolk 1.*

Aalwehr, auch Fischwehr genannt. (Modell.)

Das Aalwehr dient in der Hauptsache dem Aalfang und ist in den Gewässern des Havelstroms und dessen seenartigen Erweiterungen gebräuchlich; es dient aber auch dem sonstigen Fischfang zu bestimmten Jahreszeiten, namentlich im Frühjahr und im Herbst.

Die Wehre werden gemeinhin an steilen, nicht zu tiefen Uferstrecken erbaut. Sie vertragen auch starke Strömungen, es müssen dann die Pfähle stärker und die Horden stabiler und von dauerhaftem Material gefertigt werden. Latten und Eisenstäbe, aber auch Drahtnetze würden Verwendung finden können; in der Havel genügt die im Modell gewählte Form.

Die Horden oder Leitzäune müssen vom Grund aus über das Wasser emporragen, ebenso müssen die Wehrkörbe der Wassertiefe angepasst sein. Die Länge der gebräuchlichen Körbe ist 5 bis 7 m und die Höhe 2 bis 5 m.

Um die Körbe haltbarer zu machen, werden sie in neuem Zustande reichlich und überall, in- und auswendig, mit Kohlenteer gestrichen; ohne dieses Verfahren halten die Körbe höchstens 2 Jahre, nach dem Streichen aber bis zu 10 Jahren. Das Streichen ist öfter nach gutem Reinigen und Abtrocknen zu wiederholen. Statt der Wurzel ist auch Draht verwendbar.

Aalkörbe an Kette. (Modell.)

Die kleineren Aalkörbe ohne Wehrvorrichtung sind in starken Strömungen an über den Strom gespannten Ketten auszulegen. Sie fangen sehr stark, namentlich oberhalb von Mühlen, Wehren und Brücken, überall da, wo der wandernde Aal stutzt. Dies kann man auch künstlich herbeiführen, indem man unterhalb der ausgelegten Aalkörbe Vorstecknetze spannt, an denen der Aal vorläufig Halt machen muss; er geht dann an den Grund und so in die Körbe.

Heinrich Neitzke, *Rummelsburg (Pommern)*.

Krebsfangreusen verschiedener Grösse mit Wurzeln und Zinkdraht geflochten.

Die Krebsfangreusen werden in verschiedenen Grössen gearbeitet, wie sie etwa in den verschiedenen Provinzen Preussens von den Fischern zum Fangen von Krebsen verwandt werden. Dieselben werden aus Kiefernholz mit extra dazu präparierten Wurzeln, auch mit verzinntem Draht geflochten. Die Körbe sind vollkommen zylindrisch, an beiden Enden befindet sich eine Kehle, die aus kegelförmig zusammenstrebenden Spliessen besteht, und deren Enden zugespitzt sind. In der Mitte des Krebsfangkorbes befindet sich die zum Leeren erforderliche Öffnung, die sogenannte Tür, welche entweder mit Wurzeln, Draht oder auch mit gespaltenem Rohr geflochten ist und mittels eines Holzstäbchens verschlossen wird.

Krebshauben.

Die Krebshauben, die hauptsächlich in fliessenden Gewässern zum Krebsfangen benutzt werden, indem man sie an den Ufern ins Wasser stellt, bestehen aus einem Kiefernstock in verschiedenen Längen, je nach der Tiefe des Wassers, in dem ein Rohrbügel von etwa 30 cm Durchmesser unten befestigt wird. Dieser Rohrbügel wird mit einem Netz bespannt. Oberhalb des Netzes wird in dem Stock eine Klemme befestigt, worin ein Weissfisch, abgezogener Frosch oder irgend ein Lockfutter befestigt wird. Dann wird die Haube ins Wasser gesteckt. Kommen nun die Krebse am Ufer aus ihren Höhlen heraus und gehen, um sich zu sättigen, auf den Köder zu, so werden sie vom Wasser beim Hochziehen der Haube auf das Netz gedrückt und so gefangen. Eine Person hat, wenn sie 30 solcher

Hauben versieht, vollständig zu tun, indem sie dieselben der Reihe nach nur einzustecken und zu heben braucht.

A. Richter, Gastwirt, *Lehde bei Lübbenau (Spreewald).*
(Siehe auch S. 101.)

Modelle der im Spreewald gebräuchlichen Fischereigeräte.
Zu ihrem Fischfange gebrauchten die alten Wenden selbstgefertigte Netze und Geräte. Im Winter, wenn sämtliche Spreearme mit einer Eisdecke überzogen sind, konnte man sehen, wie sich in der Wohnung die Familienangehörigen abends um das Kaminfeuer sammelten und arbeiteten. Die Mutter und die Töchter des Hauses sassen am Spinnrocken, der Vater und die Söhne strickten die Netze. Da wurde ein Knebelnetz, ein Stosshamen, ein Kreuzhamen, ein Garnsack, eine Bolljacke, Angeln und Kescher (Fangenetz für den Fischkasten) gefertigt.

Westpreussischer Fischerei-Verein,
Danzig, Schwarzes Meer 6.

Mitarbeiter: Geschäftsführer des Vereins Dr. A. Seligo, Danzig, Schwarzes Meer 6, und Dr. Ziegenhagen, Danzig.
(Siehe auch S. 127 und 143.)

Modelle von Fanggeräten:
1. **Scherenhamen oder Krytnetz** (Kreuznetz), ein flacher Kescher, zwischen zwei langen gekreuzten Stangen befestigt, mit denen vom Kahn aus die Flussufer abgefischt werden. In der Weichsel angewendet.
2. **Handsenknetz,** besonders an kleinen Flüssen üblich. Das Netz wird in das Wasser auf Grund gesenkt und gehoben, sobald sich Fische darüber befinden.
3. **Grosses Senknetz,** an einem Baum auf einem Prahm beweglich angebracht. In der Gegend von Danzig angewendet.
4. **Einfache Reuse (Fenzel),** eine Reuse mit nur einem Eingange.
5. **Trommelreuse.**
6. **Flügelsack,** im Schilf und Kraut rechtwinklig zum Ufer gestellt. Die längs des Ufers streichenden Fische werden von dem Flügel (Leiter) zu dem Sack geleitet, in den sie durch den Trichter (Kehle) wohl hinein, aus dem sie aber nicht wieder heraus finden.
7. **Doppelsack.**
8. **Aalsack mit zwei Flügeln,** zur Verwendung in Flüssen und an den Flussausgängen in Seen.

9. **Stellnetz**, Kiemennetz oder Klebnetz. Die Fische geraten mit den Köpfen in die Maschen und bleiben mit den Kiemendeckeln darin hängen. Auch zum Absperren von Gewässerteilen benutzt.

10. **Staknetz**, eine bauschig eingestellte Netzwand, welche jederseits mit sehr grossmaschigen Netztüchern (Gaddern) bekleidet ist. Die gegen das Netz schwimmenden Fische verwickeln sich in den Falten des bauschigen Netzes, welche von den Fischen beutelförmig in die Maschen eines der äusseren Netze gestossen werden. 20 bis 40 m lang bei 1 bis 1,5 m Höhe.

11. **Kleppe** (kleines Zuggarn der Kassubei mit Spänen an den Leinen zum Zusammenscheuchen der Fische und zwei zum Auslegen benutzbaren leichten Kähnen). Ein Netzsack von 5 bis 7 m Länge und 1 bis 3 m Höhe mit kurzen Flügeln, an der Oberseite mit Borkenschwimmern, an der Untersimme mit Steinsenkern versehen. Die Kleppleinen schliessen sich sogleich an, ihr erster 30 bis 50 m langer Teil trägt in Abständen von 1 m dünne Holzlatten von 1 m Länge bei Handbreite. Bei der Fischerei fahren zwei Fischer, jeder in einem leichten, schmalen Kahn, zusammen auf die Seemitte. Hier trennen sich die Kähne, indem zuerst die Kleppe, dann die Kleppleinen ausgelegt werden. Sodann fährt jeder Fischer schräg auf das Ufer zu, die Zugleinen hinter sich auslegend. Am Ufer steigt jeder Fischer in das Wasser, nimmt den Kahn quer vor sich und holt seine Leine ein, wobei er die eingezogene Leine in Ringen vor sich in den Kahn legt und sich allmählich dem anderen Fischer nähert. Ist die Kleppe an Land, so stehen die Fischer dicht beieinander. Die aufrecht schwimmenden Latten, sowie häufiges Aufschlagen mit den Zugleinen auf das Wasser scheuchen die zwischen den Leinen befindlichen Fische in die Kleppe.

12. **Selbstfang für Aale.** Die abwärts wandernden Aale geraten mit dem Wasserstrom in den Fang, aus dem sie nicht mehr entweichen können. In Westpreussen gibt es etwa 120 derartige Mühlenaalfänge.

13. **Selbstfang für Lachse bei Oslanin** (Kreis Putzig) am Rhedafluss.

14. **Selbstfang für Lachse bei Bresin** (Kreis Putzig) am Rhedafluss.

Die dargestellten Selbstfänge waren die letzten Einrichtungen dieser Art in Westpreussen; sie sind in den letzten Jahren nach Regulierung der Rhedamündungen, in denen sie erbaut waren, eingegangen.

Das Wasser wird durch die Schleusen in die Fänge geleitet und stürzt mit starkem Fall durch die dadurch unsichtbar gewordenen Lattengitter herab. Die aufsteigenden Lachse springen gegen den Wasserfall an und geraten in den Fang, aus dem sie des flachen Wasserstandes und des Lattengitters wegen nicht entweichen können.

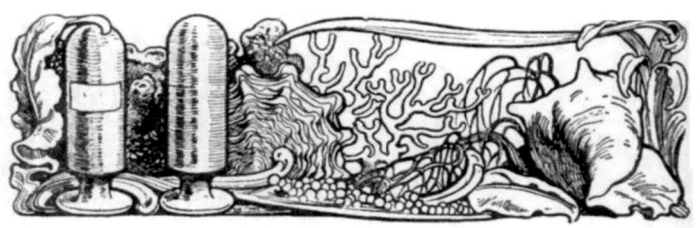

Gruppe 58.
Korallen, Schwämme, Perlen und Perlmutter usw., Walfischbarten, Schildpatt, künstliche Perlen, Fischhäute.

Doris Dudzig, Nadelfabrikantin, *Berlin O. 27, Magazinstr. 18.*
Unzerbrechliche Hut- und Schmucknadeln. Spezialität: Nachahmung von echten Perlen nach eigenem Verfahren, hergestellt von Fischschuppenessenz, weiss und farbig, in verschiedenen Formen.

Eduard Krause, Konservator am Königlichen Museum für Völkerkunde, *Berlin SW. 11, Königgrätzerstr. 120.*
(Siehe auch S. 35, 91 und 136.)
Grosse **Teichmuschel mit 11 Buddha-Bildern,** welche das Tier selbst mit Perlmutter überzogen hat. China. Solche Schaustücke werden von den buddhistischen Mönchen gezüchtet. Sie setzen die Muscheln in die Teiche bei ihren Klöstern, nachdem sie zwischen die Schale und den Mantel des Tieres kleine zinnerne Buddha-Bilder eingeschoben haben, welche das Tier nicht entfernen kann, sondern im Laufe der Zeit, ebenso wie die Innenseite der Schale, mit Perlmutter überzieht. Nach längerer, den Mönchen durch Beobachtung bekannter Zeit

werden die Muscheln, oft in Gegenwart vieler Gläubigen, aus den
Teichen gefischt und geöffnet, das Tier wahrscheinlich verspeist und
die Schale mit den Buddha-Bildern als geschätztes Amulett gegen
schwere Entschädigung verkauft, da das Volk annimmt, Buddha selbst
habe die Muschel veranlasst, sein Bild in ihr wachsen zu lassen.
(Die Muschel stammt von der Internationalen Fischerei-Ausstellung
zu Berlin 1880.)

Gruppe 59.
Wasserwirtschaft, Fischzucht, Austernzucht.

C. Arens, Forellenzuchtanstalt, *Cleysingen b. Ellrich a. Harz.*
Modell der Forellenzuchtanstalt Cleysingen b. Ellrich a. Harz.
Die Anstalt von C. Arens blickt als eine der ältesten in Deutschland auf ein 25 jähriges Bestehen zurück. Am Fusse des Südharzes gelegen und gespeist durch das Wasser des Gebirgsflüsschens Zorge, ist sie anfänglich aus Liebhaberei entstanden und allmählich zu ihrer jetzigen Bedeutung herangewachsen. Ursprünglich bestand an Stelle der Fischzuchtanstalt eine Sägemühle. Die Anstalt liegt unmittelbar bei der Wohnung des Besitzers. Die Nähe des Bahnhofes bietet wesentliche Erleichterungen für den Versand der Fische. Ausser der Anstalt selbst werden noch 32 und zeitweise noch 50 ha im Harz zerstreut liegender Forellenteiche bewirtschaftet, teils als Pachtungen, teils als Anteilgeschäfte in der Weise, dass von Arens die Art und Höhe des Besatzes bestimmt und geliefert wird und der Besitzer der Teiche den Abwachs der Anstalt überlässt. Ausserdem besitzt die Anstalt die Fischereiberechtigung auf 10 km der Zorge, deren Bewirtschaftung sie möglichst zweckmässig betreibt. Der Schwerpunkt des Betriebes liegt in . der jetzt 30 a umfassenden Anstalt selbst. Dort werden meistenteils 40 bis 60 Zentner Forellen vorrätig gehalten, und zwar in dreiundzwanzig 50 bis 200 m² grossen Abteilungen. Zugeschnitten ist die Anstalt auf die Erzeugung von Eiern, Brut und Setzlingen; nur nebenbei werden Speisefische erzeugt. In der Regel erzeugt die Anstalt ausser Fischen 6 bis 7 Millionen Eier. Der Jahresumsatz beläuft sich jetzt auf 40 000 bis 50 000 Mk.

Zu beachten ist besonders das wagerechte Einlaufgitter, welches die Benutzung auch stark verunreinigten Wassers erlaubt, ohne dass die Gefahr schnellen Verstopfens vorhanden ist. Im oberen Teile ist der Strom über die Maschen stärker als durch die Maschen, deshalb setzt sich der Schmutz erst auf dem letzten Drittel ab, von wo er durch Heben des Staubrettes leicht zu entfernen ist. Bei dem wagerechten Ablaufgitter ist zu beobachten, dass es einen Durchstrom von 12 bis 20 cbm in der Minute so verteilt, dass selbst Brut von der Dotterblase weg nicht angedrückt wird. Dieses wagerechte Gitter ist auch als Schutzgitter für Turbinen zu empfehlen, weil es trotz grosser Durchlassfähigkeit Quadratmaschen zulässt und so auch Aale abhält, die bekanntlich selbst durch enggestellte Längsstäbe schlüpfen.

In den oberen ausgemauerten, kleinen, 50 bis 100 m² grossen, durch Drahtgeflecht gegen Eisvögel und durch 20 cm über den Rand hinausragende Bleche gegen Spitzmäuse geschützten Abteilungen wird die Aufzucht der Brut vorgenommen. Diese wird unmittelbar nach dem Aufzehren der Dotterblase in die stark durchflossenen Abteilungen (12 m³ Gebirgswasserdurchfluss in der Minute) gebracht. Wagerechte Gitter von je 4 bis 5 m² Fläche verhindern das Andrücken der kleinen Brut und etwaige dadurch verursachte Verletzungen. Schon dieser starke Durchfluss ernährt eine grosse Menge Fischchen ohne weiteres Zutun; indessen wird bei dem starken Besatze noch mit lebenden Krebstieren zugefüttert, welche in stehenden, eigens gedüngten und hergerichteten Tümpeln und Teichen gesammelt werden und aus gewöhnlichen Tonnen, die über die einzelnen Abteilungen gestellt sind, langsam auslaufen. Sie werden von den Fischen sofort von der Blase weg gierig aufgenommen; 4 bis 5 cm gross, werden die Fischchen mit den üblichen künstlichen Futtermitteln ernährt, die, zu Klössen geformt, an stark überströmten reinlichen Stellen am Boden festgesteckt werden. Von diesen Klössen hapsen die Fischchen nach Bedarf ab; was die vorderen verbrösen, wird vom Strome weitergeführt und von den weiter zurückstehenden abgefangen. Auf diese Weise findet eine durchaus selbsttätige und reinliche Fütterung statt, die neuerdings auch schon von der Dotterblase weg mit Erfolg Platz gegriffen hat. Die mittleren Abteilungen strecken die einjährigen Fische, insoweit dies nicht in den freien Teichen geschieht. Zur Zucht werden nur ausgewählte Normalexemplare mit reichen Farben gewählt und in den unteren Abteilungen zweckmässig gehalten. Sie werden zum Abstreichen erst vom vollendeten 3. Jahre an benutzt und dienen meist bis zum 7. und 8. Jahre zur Eiergewinnung. Die Bachforellenweibchen der Anstalt sind 0,5 bis 3 kg, die Regenbogenforellenweibchen 1 bis 4 kg schwer. Das Abstreichen wird im Bruthause selbst vorgenommen, wo hinreichend Behälter zur Verfügung stehen, um die reifen Fische aufzunehmen. Auch hier sorgt scharfer Durchfluss, auf den überhaupt grosser Wert gelegt wird, dafür, dass die Fische gesund bleiben. Das Bruthaus hat 18 Behälter zur Aufnahme der laichreifen Fische, in die sie aber erst vollkommen legereif gebracht werden, während sie bis dahin am gewohnten Orte verbleiben, da dies von grösstem Einflusse auf die Güte der Eier ist. Jeder Behälter kann ohne Gefahr 50 bis 100 kg beherbergen; das Bruthaus enthält ferner die nötigen Bruttröge zum Unterbringen von 7 Millionen Eiern. Das Wasser besteht aus filtriertem und unfiltriertem Bach- und Quellwasser, das an jeder Stelle ganz nach Wahl zu entnehmen ist, so dass die Temperatur jederzeit nach Wunsch geregelt werden kann; auch kann die Wasserleitung für die verschiedenen Tröge und Abteilungen verschieden gestellt werden.

Anbrütetrog eigenen Systems für Salmonideneier.

Der Anbrütetrog dient dem Anbrüten von Salmonideneiern da, wo es an Platz oder an Wasser mangelt. In den sechs Einsätzen können ungefährdet mit demselben Wasser je 5000, also zusammen 30 000 Forelleneier, oder je 3500, also zusammen 21 000 Lachseier angebrütet, d. h. bis zum vollständigen Sichtbarwerden der Augen bebrütet werden. Den Eiern schadet tägliches Herausnehmen der Einsätze behufs Durchmusterung in keiner Weise, wenn es vorsichtig ausgeführt wird. Man kann so auf kleinem Raum und unter Verwendung verhältnismässig wenigen Wassers grosse Mengen Eier anbrüten. Der Anbrütetrog ist wichtig für Anstalten, die angebrütete Eier verkaufen.

Ausbrütetrog eigenen Systems für Salmonideneier.

Der Ausbrütetrog hat ein feststehendes Ablaufgitter mit grosser Fläche, ohne dass diese den Apparat verdunkelt. Der Abstrom wird durch dieses Gitter so verteilt, dass er selbst bei starkem Durchfluss an keiner Stelle Fischchen andrücken kann. Auf die Gesundheit der Fischchen wirkt die hierdurch ermöglichte Verstärkung des Stromes in hohem Masse.

Photographien der Forellenzuchtanstalt Cleysingen b. Ellrich a. Harz und deren Zubehör.

Schriften.

Bayerischer Landesfischerei-Verein,

München, Maxburgstrasse.

Teichwirtschaftliche Karte für das Königreich Bayern. Das Bestreben, die Erkenntnis der hohen Bedeutung eines zweckmässigen und zielbewussten teichwirtschaftlichen Betriebes den weitesten Kreisen der Interessenten zu eigen zu machen und denselben zu diesem Zwecke vor allen Dingen klar vor Augen zu führen, welche grosse Summe zum Teil noch nicht ausgenützten Nationalvermögens in den Gewässern des Landes vorhanden ist, führte zur Aufstellung einer Statistik der in Bayern im Privatbesitze vorhandenen Teiche. Die Gesamtzahl derselben beläuft sich auf rund 25 000, mit einem Flächeninhalt von rund 14 000 ha. Die Teiche befinden sich in der Hauptsache in den Händen kleiner Grundbesitzer und bieten diesen Kleinbesitzern bei guter Bewirtschaftung eine Quelle recht erheblichen Nebeneinkommens neben den Erträgnissen ihres eigentlichen landwirtschaftlichen Betriebes. Ausserdem gibt es in Bayern eine Anzahl grosser, musterhaft eingerichteter Teichwirtschaften, die in fischzüchterischer Beziehung ganz Hervorragendes leisten und ihre Erzeugnisse bis weit über die Grenzen des Landes absetzen.

Der Zustand der Teiche entspricht im allgemeinen den Bedingungen einer zweckmässigen Bewirtschaftung. Nach der Bewirtschaftungsweise dienen 90 % der Teiche der Karpfenzucht und 10 % der Salmonidenzucht. Die Ertragsfähigkeit der Karpfenteiche entspricht einem Betrage von jährlich 4 Millionen Mark.

Die örtliche Lage der Teiche ist in der teichwirtschaftlichen Karte zur Anschauung gebracht; dieselbe gibt an der Hand der ihr beigefügten Erläuterungen auch Aufschluss, in welcher Weise sich die Teiche auf die einzelnen Regierungsbezirke verteilen. Auf der Karte sind ferner die in Bayern zur Zeit vorhandenen Fischzuchtanstalten verzeichnet.

Fischereikarte des Regierungsbezirkes Oberfranken.

Allgemeine Fischerei-Zeitung (Jahrgang 1876 bis 1905).

Am 28. März 1876, also vor 30 Jahren, erschien die erste Nummer der „Allgemeinen Fischerei-Zeitung", damals noch unter dem Titel „Mitteilungen über Fischereiwesen, Organ des Bayerischen Fischerei-Vereins in München", unter der Redaktion von Max Eisenberger, Kgl. Notar in Tölz.

Es war dies die erste periodisch und regelmässig erscheinende Zeitschrift für Fischerei, welche in Deutschland begründet wurde und die Aufgabe übernommen hatte, an der Förderung der Fischerei tatkräftig in Wort und Schrift mitzuarbeiten, für die sich nach der Begründung des Deutschen Fischerei-Vereins und der Übernahme der früher französischen Fischzuchtanstalt Hüningen durch das Reich zahlreiche Kräfte zu regen begannen.

Von Anfang an zwar für einen grösseren Leserkreis als die Mitglieder des Bayerischen Fischerei-Vereins bestimmt, hielten sich die „Mitteilungen über Fischereiwesen" doch zunächst nur in engeren Grenzen, denn es war der Leserkreis für eine Fischerei-Zeitung damals noch ein überaus beschränkter und das Interesse für die Fischerei kaum entstanden. Es galt daher, dasselbe erst in weitere Kreise hinauszutragen. Aber mit dem steigenden Interesse der Behörden für die zu neuem Leben erwachende Fischerei, mit dem Entstehen immer zahlreicherer Vereine, welche sowohl zur Hebung des Fischereisportes, wie auch zur Verbreitung der Fischzucht gegründet wurden, wuchs auch die Zahl der Leser und Abonnenten der „Mitteilungen über Fischereiwesen", so dass bereits mit dem 15. Januar des Jahres 1879 die „Mitteilungen" als „Bayerische Fischerei-Zeitung" in erweiterter Form unter neuem Schilde vor die Öffentlichkeit treten konnten.

Mit Beginn des Jahres 1882 übernahm Dr. Julius Ritter von Staudinger, damals Kgl. Oberappellationsgerichtsrat, die Schriftleitung. Er hat die Zeitung neun Jahre, bis Ende des Jahres 1890, als verantwortlicher Redakteur gezeichnet. Unter seiner Leitung gewann die „Bayerische Fischerei-Zeitung" einen immer grösseren Leserkreis nicht nur innerhalb Bayerns, sondern auch über die Grenzen desselben hinaus in dem übrigen Deutschland und den Nachbarstaaten, so dass die Zeitung, entsprechend ihrer Verbreitung, mit dem 1. Januar 1886 als „Allgemeine Fischerei-Zeitung" herausgegeben werden konnte. Sie erwarb sich bald allgemeine Anerkennung und Wertschätzung.

Mit dem Jahre 1891 übernahm der gegenwärtige verantwortliche Redakteur Professor Dr. Bruno Hofer, zuerst vertretungsweise, sodann vom Jahre 1892 an endgültig, die verantwortliche Leitung der „Allgemeinen Fischerei-Zeitung", welche vom Jahre 1893 ab als Organ des „Deutschen Fischerei-Vereins" und der überwiegenden Mehrzahl aller anderen deutschen Landes- und Provinzialvereine erwählt wurde. Seitdem traten auch der Redaktion die Generalsekretäre des „Deutschen Fischerei-Vereins", Professor Dr. Weigelt und Friedrich Fischer, bei. Entsprechend ihrer Verbreitung als Organ der deutschen Fischerei-Vereine hat sich die „Allgemeine Fischerei-Zeitung" ihr früheres Ansehen nicht nur zu erhalten verstanden, sondern namentlich die Zahl ihrer Leser und Freunde mehrfach zu steigern gewusst, so dass die gegenwärtige Auflage 7000 Exemplare pro Nummer beträgt.

Wilhelm Beyer, Grossherzogl. Sächsischer Hoflieferant, Erfurt (Thüringen).
(Siehe auch S. 132.)

Bruttrog (D. R. G. M. 53001). Er gewährt eine Übersicht über den Inhalt ohne Herausnahme des Vorsatzsiebes. Das Winkelgitter, welches hauptsächlich beim Ausschlüpfen der Brut ausserordentliche Dienste leistet, gewährt dem Wasser trotz der anschwimmenden Eihüllen freien Durchlass, verhütet ein Andrücken der zarten Brut an das Gitter und schliesst ein Überlaufen des Troges vollständig aus.

Futterrad mit Gestell, zum zweckmässigen Füttern der Brut in Teichen und Flüssen.

Der Apparat wird an Bach- oder Flusseingängen, ähnlich wie ein Mühlrad, aufgestellt und besteht aus einer Zinkkapsel oder Trommel, an deren äusserem Umfange Schaufeln angebracht sind, mittelst deren durch das von oben kommende Wasser das Futterrad in Drehung versetzt wird.

Durch die am Futterrad angebrachten kleinen Löcher wird mit Hilfe des Wassers das in der Trommel enthaltene Futter herausgespült und schwimmend der Brut zugetragen.

Auf diese Weise erfolgt eine gleichmässige und wenig zeitraubende Fütterung auf längere Zeit.

Ein Verlust an Futter ist vollständig ausgeschlossen.

Das Öffnen und Füllen des Futterrades ist schnell zu bewerkstelligen. Durch eine kurze Drehung ist die Kapsel leicht zu öffnen und zu schliessen.

Eierausleser mit Glasrohr und Gummiball.

Pinzette (verwerfliches Instrument) zum Auslesen der abgestorbenen Eier und Brut. Beim Auslesen mit dieser Pinzette werden fasst immer die neben den abgestorbenen Eiern liegenden gesunden Eier berührt, wodurch die Schleimhaut verletzt wird und das Ei zu Grunde geht.

Eiermessglas, zum schnellen Messen grosser Mengen Eier.

Brutmessglas, zum schnellen Messen grosser Mengen Brut.

Brutmesser (System Schillinger).

Durchlüftungsdüsen zum Einführen von grossen Luftmengen in Fischbehälter.

Fischerei-Verein für die Provinz Brandenburg,
Berlin W. 62, Lutherstr. 47.

Mitarbeiter: Hauptgeschäftsführer des Vereins Dr. L. Brühl, Berlin W. 62, Lutherstr. 47; Professor Dr. Eckstein. Eberswalde.
(Siehe auch S. 27 und 132.)

Modelle einiger in der Provinz Brandenburg gebräuchlicher Geräte und Vorrichtungen zur Teichwirtschaft:

1. **Holzschleuse** am Teicheinfluss. Die Spundwand steht in der Mitte des Dammes; diese sowie alle Pfähle sind bis an den Schleusenboden in das Erdreich eingelassen. Die Pfähle sind durch Schwellen miteinander verbunden und mit Bohlen benagelt. Letztere bilden den Boden und die Wände der Schleuse. Das Gitter verhindert das Eindringen von Wildfischen und das Entweichen der Teichbewohner. Das Schütz kann beliebig hoch eingestellt und verschlossen werden. Die Abmessungen richten sich nach der Grösse des Teiches.

2. **Horizontalgitter.** Das einlaufende Wasser passiert das horizontale Gitter, welches Raubfische des Baches vom Teiche fern hält.

3. **Horizontalgitter nach Jaffé und Arens.** Die Holzrinne nimmt das dem Teich zufliessende Wasser auf; dasselbe steht in der Höhe der eingesetzten Staubretter. Es muss das horizontal liegende Gitter durchströmen, welches leicht gereinigt werden kann und verhindert, dass die schwachen, jungen Fische angedrückt werden, wie dies bei den Vertikalgittern der Fall ist.

4. **Teichmönch.** Ablassvorrichtung für Teiche, in besten Ziegeln mit Zementmörtel aufgemauert. Die Schlitze werden für die Staubretter wie für das Gitter benutzt. (Zur Verfügung gestellt von der von dem Borneschen Fischerei, Berneuchen.)

5. **Mönch nach Hübner.** Der senkrechte Teil des Mönches ist weiter als der wagerechte Teil, und zwar infolge des eigentümlichen Ansatzes der Staubrettführung; auch das vorgesetzte Sieb bietet dem Wasser eine möglichst grosse Durchtrittsfläche. Bei Hochwasser fliesst das Wasser durch das horizontale Gitter in den Mönch.

6. **Mönch nach Herrguth.** Der Mönch entnimmt das Wasser vom Teichgrund infolge der vor den Staubrettern eingesetzten Wand, die den Boden des Mönches nicht erreicht.

7. **Mönch nach Eckstein.** Derselbe vereinigt die Vorzüge des Horizontalgitters mit jenen des Mönches. Das Gitter kann sich, weil das Wasser von allen Seiten, auch von unten, in den Vorbau einströmt, nicht verstopfen; das Gitter auf der zweiten Staubretterreihe

bestimmt die Durchflussgeschwindigkeit. Es ist keine Strömung vorhanden, welche die Fischchen an das Gitter drücken könnte.

8. Fangkasten nach Nerenz. Durch verdoppelten Schieberverschluss kann der Fangkasten an jedes rechtwinkelig gearbeitete Abflussrohr dicht angesetzt werden. Die beim Ablassen des Teiches mit dem Wasser den Mönch passierenden Fische werden hier abgefangen.

9. Brutkiste nach Hübner. Das von oben durch den Gitterteil des Deckels einströmende Wasser wird in Filtern gereinigt, geht am Ende der Kiste durch ein Gitter und entweicht durch das obere Abflussloch; zur Regulierung des Wasserstandes und zur Entleerung der Kiste dienen die übrigen Abflusslöcher, von welchen das eine sich im Boden der Kiste befindet. Dieselbe wird auch als Kinderstube benutzt.

10. Kinderstube nach Giesecke. Im Bruthaus aufzustellen, entbehrt der Filtereinrichtung; den Wasserstand regulieren die Staubretter, das Entweichen der Fische verhindert das Horizontalgitter.

11. Madenkiste. Dieselbe steht im Teich; ein Laufbrett führt hinzu, auf dem Drahtgitter liegt ein Aas. Der Deckel wird geschlossen; die Fliegen kommen durch das Gitter hinzu, durch dasselbe fallen die erwachsenen Maden ins Wasser.

12. Tragbahre, mit welcher die Karpfen aus dem Teich zum Zähltisch getragen werden.

13. Zähltisch mit Zubehör. Die Karpfen kommen in den grossen Bottich, wo sie sich vom Schlamm reinigen, dann auf den Tisch, auf dem sie gezählt, und auf die Wage, mit der sie gewogen werden.

Ausgestopfte märkische Fischfeinde (siehe plastische Gruppe des Deutschen Fischerei-Vereins „Die Fischfeinde Deutschlands", S. 63 ff.).

Gemälde: Eisfischerei auf der Havel (zur Verfügung gestellt von Professor Max Koch, Berlin SW. 11, Prinz Albrechtstr. 7).

Photographien der Teichwirtschaft und Fischzuchtanstalt Berneuchen. (Zur Verfügung gestellt von der von dem Borneschen Fischerei, Berneuchen.)

Photographien der Fischerei des Königlichen Forstmeisters Reuter zu Siehdichum bei Grunow (Bez. Frankfurt a. O.).

1. Oberförsterei Siehdichum.
2. Führung des Wassers durch einen Berg.
3. Schnecke mit Göpelbetrieb.
4. Ein Stück vom Streichteich mit Drahtzaun gegen Frösche.

5. Winterteich.
6. Fischzug mit dem grossen Garn.
7. Bergen des Fischzuges.
8. Einzählen der Fische in die Drebel.
9. Hälter in abfliessendem Wasser mit elektrischer Meldeleitung und Schuppen zum Trocknen der Netze.
10. Gefangener Fischreiher im Eisen.

Ichthyologische Karte des Deutschen Reiches und der Nachbarländer. Bearbeitet von Max von dem Borne. (Eigenhändig. Zur Verfügung gestellt von der von dem Borneschen Fischerei, Berneuchen.)

Fischereikarte der Provinz Brandenburg, auf 8 Blättern. Mit 3 Nebenkarten: Physikalische Übersichtskarte, die Fischereigebiete der Provinz Brandenburg, die märkischen Wasserstrassen. Im Auftrage des Fischerei-Vereins für die Provinz Brandenburg bearbeitet von Professor Dr. Karl Eckstein, Eberswalde. Berlin 1903.

Karte: Verteilung der Wasserflächen der Provinz Brandenburg auf die Kreise in Prozenten der Gesamtfläche. Entworfen von Dr. W. Schjerning, Charlottenburg. Berlin 1903.

Übersichtskarte der märkischen Wasserstrassen. Herausgegeben von der Königl. Regierung, Potsdam.

Karte der Fischzuchtanstalt Berneuchen. Auf derselben sind nur die Teiche verzeichnet, welche in der Nähe des Dorfes liegen. Die Teichwirtschaft umfasst 46 Teiche und hat 20 Hälter. Die Hälteranlagen sind in der Karte zum Teil noch nicht eingezeichnet. (Zur Verfügung gestellt von der von dem Borneschen Fischerei, Berneuchen.)

Medaille des Vereins (in Silber). Entworfen von Bildhauer Constantin Starck, Berlin. Ausgeführt mit Unterstützung des Königlich Preussischen Ministeriums der geistlichen, Unterrichts- und Medizinal-Angelegenheiten.

Ehrenurkunde des Vereins. Entworfen von Richard Knötel, Schöneberg.

Ausstellungsdiplom des Vereins. Entworfen von Prof. Karl Röchling, Charlottenburg.

Vereinsschriften:
1. Mitteilungen des Fischerei-Vereins für die Provinz Brandenburg 1896 bis 1906. 5 Bände und 5 ungebundene Hefte.

2. **Festschrift aus Anlass des 25jährigen Bestehens des Vereins.** Mit 9 Karten, 1 Tafel und zahlreichen Abbildungen. Berlin 1903. (Verlag von Gebrüder Borntraeger.)
   Enthält folgende Abhandlungen:
   a) Lebens-Beschreibungen hervorragender Männer des Fischerei-Vereins für die Provinz Brandenburg (von dem Borne, Uhles, Reuter, v. Parpart).
   b) Die Wasserverhältnisse der Provinz Brandenburg. Von Oberlehrer Dr. W. Schjerning, Charlottenburg.
   c) Die Quellen der Spree. Mit Textbildern. Von Emil May, Berlin.
   d) Märkische Fischerei. 3 Aufsätze. Mit Textbildern. Von W. von Schulenburg, Charlottenburg.
   e) Die Eisfischerei. Mit Textbildern. Von Dr. J. Skowronnek, Berlin.
   f) Der Fisch und seine Zubereitung. Mit Textbildern. Von Ferd. Kretschmer, Berlin.
   g) Die Fischereiverhältnisse der Mark Brandenburg. Von Prof. Dr. Eckstein, Eberswalde. Mit 8 Karten.
3. Prof. Dr. Karl Eckstein, Eberswalde: Die Fischereiverhältnisse der Mark Brandenburg zu Anfang des 20. Jahrhunderts, nebst Fischereikarte in 8 Blättern. Bearbeitet im Auftrage des Fischerei-Vereins für die Provinz Brandenburg. Berlin 1903. Verlag von Gebrüder Borntraeger. (Sonderdruck aus der Festschrift, s. 1.)
4. Ferdinand Kretschmer, Berlin: Der Fisch und seine Zubereitung. Mit Textbildern. Berlin 1903. Verlag von Gebrüder Borntraeger. (Sonderdruck aus der Festschrift, s. 1.)
5. Dr. G. von Buchwald, Neustrelitz: Regesten aus den alten Fischerei-Urkunden der Mark Brandenburg 1150—1710. Herausgegeben im Auftrage des Fischerei-Vereins für die Provinz Brandenburg. Berlin 1903. Verlag von Gebrüder Borntraeger.
6. Kammergerichtsrat P. Havenstein, Berlin: Das Fischereirecht der Mark Brandenburg. Festschrift zum 25jährigen Bestehen des Fischerei-Vereins für die Provinz Brandenburg. Berlin 1903. Verlag von Franz Vahlen.
7. Offizieller Katalog der Jubiläums-Ausstellung des Fischerei-Vereins für die Provinz Brandenburg, Berlin 1903. Verlag von Rudolf Mosse.

8. Dr. Emil Walter, Saalfeld a. d. Saale. Die Kleinteichwirtschaft, herausgegeben im Auftrage des Fischerei-Vereins für die Provinz Brandenburg, Neudamm 1906. Verlag von J. Neumann.

Ferner folgende auf die Fischereiverhältnisse der Provinz Brandenburg bezügliche Schriften und Sonderdrucke:

Knauthe, Die Görlsdorfer Teichwirtschaft (Fischerei-Zeitung, Bd. IV Nr. 10, Neudamm 1901).

Hartwig, Candonen aus der Provinz Brandenburg (Sitzungsbericht der Gesellschaft naturf. Freunde, Berlin 1899 Nr. 3, 1901 Nr. 1 und 4).

Kretschmer, Der Fischhandel in Berlin. Berlin 1902.

Marsson, Zur Kenntnis der Planktonverhältnisse einiger Gewässer der Umgebung von Berlin (Forschungsbericht der Biologischen Station zu Plön. VIII).

Marsson, Mikroskopische Bestimmungen der niederen Tier- und Pflanzenwelt in den Seen von Lychen, Uckermark (Jahrbuch. d. Kgl. Preuss. Geolog. Landesanst. für 1901, Bd. XXII, Berlin 1902).

Oscar Micha, Der Fisch- und Krebsmarkt im alten und neuen Berlin (Fischerei-Zeitung, Bd. I Nr. 4, Neudamm 1898).

Reuter, Die Fischerei in den Gewässern des Forstreviers Siehdichum (Zeitschrift für Fischerei, Berlin 1897, Heft 2).

Schriften des Kammerherrn Max von dem Borne, Berneuchen [weiland 1. Vorsitzender des Fischerei-Vereins für die Provinz Brandenburg]. (Zur Verfügung gestellt von der von dem Borneschen Fischerei, Berneuchen):

1. Fischereiverhältnisse des Deutschen Reiches, Österreich-Ungarns, der Schweiz und Luxemburgs, bearbeitet im Auftrage des Deutschen Fischerei-Vereins durch Max von dem Borne. Berlin, Verlag von Moeser.
2. Handbuch der Fischzucht und Fischerei unter Mitwirkung von Dr. B. Benecke und E. Dallmer. Herausgegeben von Max von dem Borne. Berlin 1886. Verlag von P. Parey.
3. Fischerei und Fischzucht im Harz, mit besonderer Berücksichtigung der Forellen und der Zentralfischzuchtanstalt zu Michaelstein in Braunschweig. Berlin 1883. Verlag von P. Parey.
4. Die Fischzucht. Dritte Auflage. Berlin 1885. Verlag von P. Parey.
5. Taschenbuch der Angelfischerei. Dritte Auflage. Berlin 1892. Verlag von P. Parey.
6. Wegweiser für Angler durch Deutschland, Österreich und die Schweiz. Berlin 1877. Verlag von P. Parey.

7. Illustriertes Handbuch der Angelfischerei. Berlin 1875. Verlag von P. Parey.
 8. Künstliche Fischzucht. Vierte Auflage. Berlin 1894. Verlag von P. Parey.
 9. Das Wasser für Fischerei und Fischzucht. Neudamm 1887. Verlag von J. Neumann.
10. Kurze Anleitung zur Fischzucht in Teichen. Zweite Auflage. Neudamm 1891. Verlag von J. Neumann.
11. Sechs amerikanische Salmoniden in Europa. Neudamm 1890. Verlag von J. Neumann.
12. Der amerikanische Zwergwels und der Fleckenwels in Deutschland. Zweite Auflage. Neudamm 1891. Verlag von J. Neumann.
13. Die amerikanischen Sonnenfische in Deutschland. Neudamm 1892. Verlag von J. Neumann.
14. Der amerikanische Hundsfisch in Deutschland. Neudamm 1892. Verlag von J. Neumann.
15. Der Schwarzbarsch und der Forellenbarsch (Black Bass), zwei amerikanische Fische in Deutschland. Zweite Auflage. Neudamm 1892. Verlag von J. Neumann.
16. Teichwirtschaft. Vierte Auflage. Berlin, Verlag von P. Parey.
17. Süsswasserfischerei. Berlin. Verlag von P. Parey.

Karl Bugow, Lehrer, *Potsdam, Weissenburgerstrasse 36.*

Sammelalbum von Bildern märkischer Gewässer in 10 kleineren und einer grösseren Mappe.

Die Sammlung soll nach Möglichkeit die auf der Fischereikarte des Fischerei-Vereins für die Provinz Brandenburg vorhandenen Gewässer durch Bilder veranschaulichen, um dadurch zu zeigen, welche grossen landschaftlichen Schönheiten diese Gewässer bieten. Die Sammlung enthält in beigegebenen Texten eine möglichst genaue Beschreibung der Gewässer, um dadurch eine für die Kenntnis der letzteren wertvolle Quelle zu schaffen.

Casseler Fischerei-Verein, *Cassel, Kölnischestrasse 76.*
Mitarbeiter: Regierungs- und Forstrat Eberts, Cassel; Königl. Forstakademie Münden: Geheimer Regierungsrat Professor Dr. Metzger, Münden.

Kontrollapparat für Lachsbrutaussetzungen (konstruiert von Forstmeister Borgmann, Oberaula).

Es wird mit Recht angenommen, dass die Aussetzung der Lachsbrut am zweckmässigsten im Quellgebiet der lachsführenden Flüsse stattzufinden habe, in den Oberläufen der Gebirgs-Forellengewässer, nahe an deren Ursprung, wo sich grössere Raubforellen nicht aufhalten.

Es ist ferner von grosser Wichtigkeit, festzustellen, wie sich die Jungfische im ersten Jahre in den verschiedenen Aussetzungsgebieten entwickeln, wann, in welcher Anzahl und in welcher Grösse sie dieses Gebiet verlassen, um in die grösseren Wasserläufe hinab zu gehen — mit anderen Worten, festzustellen, ob die Aussetzung in dem einen oder anderen Gebiet nicht schon als von Anfang an zwecklos oder ungenügend zu unterlassen und den Gebieten der Vorzug zu geben sei, in denen wenigstens für das erste Jahr eine zufriedenstellende Entwickelung gesichert und bewiesen ist. Diesem Zweck dient der Apparat, der, in verschiedenen Grössen angefertigt, in die Bäche eingebaut, die absteigenden Jungfische auffängt und die Möglichkeit bietet, letztere zu zählen, zu messen, zu wiegen usw., um sie dem Unterlauf des Gewässers alsdann wieder zu übergeben. Der Apparat wird wehrartig in den Bach eingebaut, so dass das ganze Wasser, durch das Schrägsieb durchfallend, durch den Kasten und das grössere Vordersieb hindurch gehen muss und Fische, Frösche usw. im Kasten zurückbleiben. Wenn das verschliessbare Schrägsieb heraus genommen wird, können die im Kasten befindlichen Fische usw. mit einem Käscher bequem herausgenommen werden.

Das hintere kleine Sieb hat nur den Zweck, während des bei kleinem Wasser vorzunehmenden Einbauens des Apparates das Wasser hindurch zu lassen, damit die Seitenwände unbehindert zuerst fest mit dem Ufer verbunden und eingebaut werden können. Die beiden hinten und vorn vorstehenden Fussbretter werden mit grossen Steinen beschwert. Sind die Seitenwände fest eingebaut und nach vorn abgeböscht, so wird mit dem Ausfüllen des hinter dem Kasten befindlichen Raumes von beiden Ufern aus begonnen, sodann das hintere kleine Sieb mit einem Brett verschlossen, infolgedessen das Wasser hinter dem Kasten sofort steigt und über das Überlaufbrett abfliesst. Durch Einwerfen von Rasen, Steinen usw. wird die tiefe Grube hinter dem Kasten allmählich bis zur Höhe des Überfallbrettes ausgefüllt, so dass eine mässige Vertiefung verbleibt und das Wasser in flottem Zuge über das Überfallbrett hinweg, durch das Schrägsieb hindurch, in und durch den Kasten weiter fliesst. Von dem Schrägsieb aus können die Fische nicht im Überfallwasser in die Höhe springen und zurückschwimmen, sondern gleiten sofort in den Kasten, dem sie von Zeit zu Zeit entnommen werden, um vor demselben wieder ihre Freiheit zu erhalten.

(Der Kontrollapparat ist vom Casseler Fischerei-Verein der Sammlung der Forstakademie in Münden überlassen worden.)

Fischereikarte des Regierungsbezirks Cassel.
Vereinsschriften:
1. Jahresbericht des Casseler Fischerei-Vereins 1898—1904.
2. Eberts, Regierungs- und Forstrat: Die Fischzucht in den preussischen Staatsforsten. Berlin 1904.
3. Borgmann: Die Fischerei im Walde.
4. Prof. Dr. Metzger: Vorträge über Fischerei.
5. Derselbe: Fischerei und Fischzucht in Binnengewässern.

A. L. G. Dehne, Maschinenfabrik, *Halle a. d. Saale.*

Zeichnung einer kontinuierlich arbeitenden Abwässerreinigungsanlage.

Zeichnung einer periodisch arbeitenden Abwässerreinigungsanlage.

Die beiden ausgestellten Wandkarten bringen die Reinigung der Abwässer nach Dehnes Verfahren zur Anschauung. Das Wasser wird mit Zusätzen, wie z. B. schwefelsaurer Tonerde oder Kieserit, vermischt, welche die in dem Wasser enthaltenen Unreinigkeiten als Schmutzflocken ausscheiden. Darauf überlässt man das Wasser der Ruhe, damit es die Schmutzflocken absetzen kann. Das so geklärte Wasser wird zum Schluss noch über ein Koksfilter geführt und dann nach dem Flusslauf abgelassen. Den restierenden Schlamm saugt eine Schlammpumpe an, die ihn in Filterpressen drückt, worin er sich entwässert und zu knetbar festen Kuchen umformt, die als Düngererde abgegeben werden.

Für kleinere Wassermengen genügt eine periodisch arbeitende Reinigung, indem zwei Absetzgruben abwechselnd gefüllt bezw. gereinigt werden.

Grössere Wassermengen bedürfen einer kontinuierlich arbeitenden Anlage. Hier vermischt sich das Wasser mit Zusatzmengen, ehe es in das Klärbecken eintritt.

Das Wasser läuft geklärt über den oberen Rand des Klärbeckens. Der zu Boden fallende Schlamm wird nach Bedarf mittelst Pumpe oder Schlammfass gehoben und zur Entwässerung in Filterpressen gedrückt.

Die Eigenart des Verfahrens liegt in der Verwendung von Filterpressen, welche es ermöglichen, die Klärbecken immer möglichst frei von Schlamm zu halten, so dass die Reinigung nie durch Schlammanhäufungen gehindert wird.

Deutscher Anglerbund, e. V.,
Berlin N. 37, Weissenburgerstrasse 67.

Mitarbeiter: Dr. Horst Brehm, Präsident des Deutschen Anglerbundes, Berlin N. 37, Weissenburgerstr. 67; Carl Paeske, Redakteur der Deutschen Angler-Zeitung, Berlin SW. 12, Kochstrasse 23/25.
(Siehe auch S. 28.)

Prospekt über die Bestrebungen des Deutschen Anglerbundes nebst Satzungen.

Bundesabzeichen.

Bootsstander für Bundesmitglieder.

Original zum **Diplom** des Deutschen Anglerbundes, verschiedene Methoden des Angelsports darstellend.

Deutsche Angler-Zeitung, Amtliches Organ des Deutschen Anglerbundes, Jahrg. 1900—1906, in gebundenen Exemplaren und in Einzelnummern.

Fischerkarte für nicht gewerbsmässige Fischer, ein Musterformular für Erlaubnisscheine zur Angelfischerei. Entspricht den für Deutschland geltenden gesetzlichen Bestimmungen und allen sportlichen Anforderungen. Sie enthält einen Angelkalender und eine Übersicht der Laichzeiten, sowie die gesetzlichen Mindestmasse der in Betracht kommenden Fischarten. Die Karte ermöglicht dem Sportfischer, sich schnell über gesetzliche Bestimmungen und sportliche Fragen zu unterrichten. Die Karte enthält ausser dem Formular für den Aussteller besondere Vordrucke für behördliche Eintragungen zur Erteilung der Sonntagserlaubnis sowie der Erlaubnis zum Betreten von Buhnen usw. Dadurch erspart sie den Behörden überflüssiges Schreibwerk und überhebt den Sportfischer der oft lästigen Mitführung einer grösseren Anzahl von verschiedenen Ausweispapieren. Die Karte bezweckt, soweit Sportfischerei in Frage kommt, einer vernünftigen Fischereiwirtschaft die Wege zu bahnen durch Einführung

1. systematischer, zweckmässiger Schonung,
2. zeitgemässer Fangzeiten.

Die allgemeine Einführung der Karte ist sehr zu empfehlen. Verlag und Bezugsquelle: Deutscher Anglerbund, Berlin.

Anglertrophäen. Zwei an der Angel gefangene Hechte (Trockenpräparate).
Periodisch erscheinendes Verzeichnis von Angelgelegenheiten.
Anglerlieder. Liederbuch des Deutschen Anglerbundes, Originalwerk. Berlin 1903. Selbstverlag.
Schriften: M. von dem Borne, Taschenbuch der Angelfischerei, IV. Auflage, neu bearbeitet von Dr. Brehm, Präsident des Deutschen Anglerbundes.

Deutscher Fischerei-Verein, *Berlin SW. 11, Dessauerstr. 14.*

Mitarbeiter:
G. Friedrich Fischer, Generalsekretär des Vereins, Berlin SW. 11, Dessauerstrasse 14; Dr. L. Brühl, Hauptgeschäftsführer des Fischerei-Vereins für die Provinz Brandenburg, Berlin W. 62, Lutherstrasse 47;
Professor Dr. Eckstein, Eberswalde.

Graphische Darstellung der durch den Deutschen Fischerei-Verein in den letzten fünf Jahren vorgenommenen Lachsaussetzungen in deutsche Gewässer.

Der Lachs, der in den deutschen Strömen noch vor gar nicht so langer Zeit ausserordentlich zahlreich vorkam, begegnet infolge der verschiedensten schädlichen Einwirkungen (Strombau, Verunreinigung der Gewässer u. a. m.) Schwierigkeiten bei seiner natürlichen Fortpflanzung in den deutschen Flüssen. Es ist daher notwendig, mit Hilfe der künstlichen Fischzucht Massregeln zur Erhaltung seines Bestandes zu treffen. Die Bestrebungen der künstlichen Lachszucht stellen sich im Deutschen Reiche dort einfach, wo wenigstens die Mündung und der grösste Teil des Stromlaufes innerhalb Deutschlands liegen, so insbesondere bei der Weser und der Ems, wo zunächst seitens des Deutschen Fischerei-Vereins und der ihm angeschlossenen Vereine eine Organisation zwecks künstlicher Lachszucht geschaffen worden ist. Der grösste Teil der im Stromgebiete der Weser und der Ems zur Laichzeit sich befindenden Lachse wird gefangen, ihre Fortpflanzungsprodukte werden in geeignete Zentralbrutanstalten gebracht, um dort weiter erbrütet zu werden. Die erzielte Brut wird in geeignete Nebengewässer der Ströme ausgesetzt. Diese Bestrebungen haben den Erfolg gehabt, dass alljährlich eine Menge von rund 1450000 Stück Lachsbrut für den Deutschen Fischerei-Verein mit Reichsmitteln erzielt und ausgesetzt wird. In besonders günstigen Jahren, so im Jahre 1905, hat noch eine grosse Anzahl von Lachseiern für andere Stromgebiete abgegeben werden können.

Schwieriger gestaltet sich die Sache am Rhein, dessen Oberlauf zum Teil in der Schweiz liegt und der sich mit seiner Mündung in Holland ins Meer ergiesst. Hier hat eine internationale Regelung der Verhältnisse Platz greifen müssen; es ist ein Lachsvertrag zwischen Holland, Deutschland und der Schweiz geschlossen worden, der die einzelnen Kontrahenten verpflichtet, alljährlich eine gewisse Anzahl Lachsbrut dem Rheingebiete zuzuführen. Der Deutsche Fischerei-Verein hat einen Teil dieser von Deutschland übernommenen Verpflichtungen zu erfüllen und jährlich rund 1 700 000 Stück Lachsbrut auszusetzen. Die Gewinnungsstellen für die Lachseier im Rheingebiet sind an der Sieg, an der Mosel und Saar und in den badischen Zuflüssen des Rheins. Der Deutsche Fischerei-Verein kauft einerseits Lachseier an, die er befruchtet und an geeignete Lachsbrutanstalten zur Erzielung der Brut abgibt, andererseits aber bestellt er auch bei Fischzüchtern Lachsbrut.

Elbe und Oder haben noch nicht so in den Bereich einer einheitlichen Organisation einbezogen werden können, wie es wünschenswert ist; diese Ströme haben auch weniger Ausbeute an Lachseiern ergeben, als es bei anderen Stromgebieten der Fall war, so dass, wie schon erwähnt, z. B. aus dem Weser- und dem Emsgebiete für die Elbe Lachseier zur Erbrütung und Lachsbrut zur Aussetzung kam. Es muss das Bestreben sein, nach Möglichkeit die Lachsbrut für ein Stromgebiet jeweilig aus Lachsen desselben Stromgebietes zu gewinnen. Es darf die Hoffnung gehegt werden, dass in dieser Beziehung die Bemühungen auch für Elbe und Oder von Erfolg sein werden.

Eine gedeihliche Lachszucht in der Weichsel zu schaffen, dürfte, da ein grosser Teil des oberen Laufes des Stromes nicht auf deutschem Gebiete liegt, nur zu erwarten sein, wenn, ähnlich wie beim Rhein, internationale Vereinbarungen getroffen werden können.

Die künstliche Lachszucht stellt sich nun im einzelnen folgendermassen dar: Die zur Laichzeit in den Flüssen sich aufhaltenden Lachse werden gefangen, falls sie nicht laichreif sind, in geeigneten grossen Hältern im Flusse selbst bis zur Laichreife aufbewahrt, dann die Eier durch Abstreichen der Weibchen gewonnen und durch Abstreichen der männlichen Tiere befruchtet. Es ist darauf zu sehen, dass dieses Geschäft in nicht zu grosser Ferne von geeigneten Brutanstalten geschieht, in welche die befruchteten Eier überführt werden müssen. (Im übrigen vergl. über Befruchtung und Erbrütung von Lachseiern S. 69 ff.) Nach dem Erscheinen der Augenpunkte sind die Lachseier versandfähig und werden nun, wenn sie in den Brutanstalten, in denen sie bisher erbrütet sind, aus irgend welchen Gründen nicht bleiben können, an geeignete Fischzuchtanstalten zur weiteren Erbrütung versandt. Hierbei ist darauf zu achten, dass diese Brutanstalten möglichst nahe an guten Aussetzungsgebieten liegen, damit die Brut bei der Aussetzung nicht einem zu langen Transporte unterliegt.

Wesentlich ist eine möglichst genaue Feststellung der Zahl der erzielten Lachsbrut. Hierfür gibt es verschiedene Methoden, diejenige der Feststellung der Zahl durch das Gewicht und diejenige der Feststellung der Zahl durch die Menge des Wassers, die in einem Messgefäss durch die Brut verdrängt wird. Nach langjährigen praktischen Erfahrungen kann man annehmen, dass die Bestimmung der Brut durch das Gewicht weitaus die zuverlässigste ist. Bei genauer Beobachtung aller Vorsichtsmassregeln darf sich kein grösserer Fehlbetrag als 5% ergeben. Im einzelnen wird hierbei folgendermassen verfahren: Der die Abnahme der Brut leitende Beamte entnimmt aus sämtlichen Bruttrögen der Lachszuchtanstalt eine grössere Anzahl Brut, von der er 200 Stück abzählt und auf einer feinen Wage wiegt. Das so festgestellte Gewicht von 200 Stück Lachsbrut schwankt zwischen 28 und 35 g. Alsdann wird die gesamte Menge der vorhandenen Brut auf einer gut arbeitenden Dezimalwage gewogen und in die hierbei festgestellte Summe von Grammen mit der Anzahl von Grammen, welche die 200 Stück wiegen, dividiert. Ein einfaches Rechenexempel ergibt dann die Zahl der vorhandenen Lachsbrut. Ein Beispiel mag dieses Verfahren näher erläutern: Durch mehrfache Wiegungen sei festgestellt, dass 200 Stück Lachsbrut, verschiedenen Bruttrögen entnommen, im Durchschnitt 30 g wiegen; die gesamte zur Aussetzung gelangende Lachsbrutmenge wiegt 9000 g, dann ergibt sich, dass die Zahl der auszusetzenden Lachsbrut $9000 : 30 = 300 \times 200 = 60000$ Stück beträgt.

Für diese Aussetzungen ist seitens des Deutschen FischereiVereins ein handlicher Kasten konstruiert worden, der die feineren Instrumente enthält und leicht von dem die Aussetzungen leitenden Beamten mitgenommen werden kann (vgl. die nachstehende genauere Beschreibung). Die Fischzuchtanstalten haben nur für eine gut arbeitende Dezimalwage zu sorgen. In Bezug auf die zur Aussetzung gelangten Mengen von Lachsbrut sei auf die ausgestellten Tabellen verwiesen. Das Ergebnis der Bestrebungen, die Lachsbestände in den deutschen Flüssen durch künstliche Zucht zu heben, besteht zweifellos darin, dass es im allgemeinen gelungen ist, den Lachsbestand einigermassen konstant zu erhalten. Die Schwankungen der Zahlen gefangener Lachse in den einzelnen Jahren sind endgültig noch nicht zu erklären. Besonders merkwürdig ist es, dass bei der ausserordentlich intensiv betriebenen Lachszucht im Weser- und im Emsgebiete sich hier der Lachsbestand nicht entsprechend gehoben hat, während im Elbgebiet die Lachsfänge, wenigstens von der Mündung bis zur Grenze des Königreichs Sachsen, eine erhebliche Steigerung erfahren haben. Es darf vielleicht angenommen werden, dass die im Wesergebiete ausgesetzten und zum Meere abgewanderten Lachse bei dem Wiederaufstieg aus noch nicht genügend bekannten Gründen die Elbe angenommen haben. Hieraus dürfte der Schluss zu ziehen sein, dass die Lachszucht in einem Stromgebiete nicht nur diesem, sondern auch denjenigen Strömen, welche sich in dasselbe Meer ergiessen, zugute kommt.

Kasten mit Gerätschaften zur Kontrolle von Lachsbrutaussetzungen.

Die in einem handlichen Kasten untergebrachten Gerätschaften für die Bestimmung der Lachsbrutzahl durch das Gewicht sind folgende:

1. eine Wage, welche auf dem Deckel des Kastens befestigt werden kann,
2. die Gewichte für die Wage,
3. ein kleines Netz (Kescher) und ein durchlochter Hornlöffel zur Entnahme der Lachsbrut aus den Gewässern zwecks Wiegung,
4. zwei Metallbecher, von welchen einer auf die Wagschale gestellt wird und zur Aufnahme der zu wiegenden Lachsbrut dient,
5. ein Heber, um dem zum Teil mit Wasser gefüllten Becher, der sich auf der einen Wagschale befindet und zur Aufnahme der abzuwiegenden Lachsbrut dient, so viel Wasser hinzuzufügen, dass er mit dem auf der anderen Wagschale befindlichen Gewichte gleich steht,
6. zwei Schalen aus gepresstem Papier zur Aufnahme der aus den Bruttrögen entnommenen, für die Wiegung bestimmten Lachsbrut.

Modelle von bei der Kanalisierung deutscher Ströme (insbesondere der oberen Oder und des Mains) zur Anwendung gekommenen Fischtreppen. (Zur Verfügung gestellt von der Königl. Technischen Hochschule, Charlottenburg.)

Photographien zur Gewinnung und Erbrütung von Lachseiern und Aussetzung von Lachsbrut:
1. Lachsfang mit der Senke bei Hameln.
2. Künstliche Befruchtung der Lachseier am Ufer der Weser. Übersicht. (Rechts in den Kästen werden die gefangenen Lachse aufbewahrt.)
3. Abstreichen der Lachse.
4. Auslesen der Lachseier.
5. Zählen, Messen und Verpacken der Lachseier.
6. Wiegen der Lachseier.
7. Verwiegen der Lachsbrut.
8. Füllen der Transportkannen.
9. Aussetzen von Lachsbrut aus der Transportkanne.
10. Aussetzen von Lachsbrut mit einem Schlauch.

Plastische Gruppe: „Die Fischfeinde Deutschlands", unter Mitwirkung von:

Fischerei-Verein für die Provinz Brandenburg, Berlin W. 62, Lutherstr. 47 (vgl. Ausstellerverzeichnis),

Professor Dr. Eckstein, Eberswalde (vgl. Ausstellerverzeichnis).

Haynauer Raubtierfallenfabrik, E. Grell & Co., Haynau i. Schl. (vgl. Ausstellerverzeichnis).

D. Hauschildt, Hohenwestedt,

Bruno Krafft, Berlin O. 34, Posenerstr. 16 (vgl. Ausstellerverzeichnis).

Gebr. Pippow, Hermsdorf (Mark).

Das zu der Gruppe gehörende Gemälde ist von Adolf Eckhardt, Berlin, angefertigt.

Alle diejenigen Tiere, welche Fische verfolgen oder deren Laich und Brut nachstellen, um sie zu verzehren, sind Feinde der Fische. Manche derselben, der Fischotter, Fischadler und Reiher sowie der in Deutschland sehr seltene schwarze Storch und der bis auf eine oder zwei kleine Ansiedelungen völlig ausgerottete Kormoran, sind zu den gefrässigsten Fischräubern zu rechnen. Alle anderen kommen für die Fischerei in Seen und Strömen, in Bächen und Flüssen weniger in Betracht, da die ausserordentlich grosse Vermehrungsfähigkeit der Fische ausgleichend wirkt. Nur wenn diese Schädlinge sich in grösserer Zahl und lange Zeit in Laichschonrevieren Beute suchend aufhalten, muss ihre Tätigkeit als die Fischerei beeinträchtigend in die Wagschale fallen. Anders dagegen ist es in Fischteichen. Hier spielen alle Fischfeinde eine bedeutende Rolle, weil der Teichwirt bei dem intensiven Betrieb, auf welchem seine ganze Teichwirtschaft aufgebaut ist, mit dem von ihm erstrebten Ertrag der Teiche nach Stückzahl der Fische ebenso rechnet, wie nach dem Abfischungsgewicht der Individuen. Jeder Teichfisch, der von einem der grossen oder kleinen Fischfeinde getötet wird, bedeutet daher in diesem Falle einen Verlust, der um so fühlbarer ist, je öfter sich der Angriff des Feindes wiederholt, je schwieriger es ist, den Schädlingen beizukommen, sie zu vernichten, und je wertvoller die geraubten Fische sind. Wenn hier von den nutzbaren Raubfischen, wie Hecht, Barsch u. a., abgesehen wird, so kommen nur wenige Säugetiere, brutschädigende Fische, Amphibien, aber mancherlei Vögel und viele Insekten als Feinde in Betracht. Manche Würmer, Krebse und zahlreiche Mikroorganismen (Sporozoen, Pilze), dazu gewisse Algen, zählen ebenfalls zu den Parasiten der Fische.

Die Fische fressenden Säugetiere sind in Deutschland selten geworden; der Nerz (Mustela lutreola) scheint bereits ausgerottet zu sein; dem Fischotter (Lutra vulgaris) wird eifrig nachgestellt; der Iltis (Putorius foetidus) steht nur im Verdacht, Fische zu fressen; er nimmt im Herbst und Winter dagegen Frösche, die er in ihren Verstecken zu erhaschen weiss; diese werden bis auf die Haut, Eierstöcke und Eiweissdrüsen verzehrt. Letztere quellen auf, wenn sie auf feuchtem Boden liegen, und nehmen ein kleisterartiges Aussehen an. Lange Zeit wusste man sich dieses Gebilde nicht zu erklären, man hielt es für Schleimpilze oder glaubte, dass es als „Meteorgallerte" vom Himmel gefallen sei. Die Wanderratte (Mus decumanus), welche vielfach Wasserratte genannt und als Feindin der Fische bezeichnet wird, kommt niemals in Fischereigewässern vor, sondern nur an den Kanälen und Flussläufen innerhalb der Städte, sie schwimmt so langsam, dass sie einen Fisch nicht erwischen kann. Die Mollmaus (Arvicola amphibius) dagegen findet sich in einer besonderen Spielart in der Nähe des Wassers. Fischereiliche Bedeutung ist ihr nicht zuzusprechen. Wichtiger ist die Wasserspitzmaus (Crossopus fodiens), welche als geschickte Schwimmerin dem Laich und der Brut der Fische nachstellt und in primitiven Brutanstalten grossen Schaden tun kann. Schliesslich muss erwähnt werden, dass auch der Fuchs (Canis vulpes) sehr gerne Fische frisst, sie aber nur zufällig erbeutet, etwa an nicht völlig trocken gelegten Teichen.

Unter den Vögeln sind zu nennen: Fischadler (Pandion haliaetos), welcher sich aus hoher Luft stosstauchend ins aufspritzende Wasser stürzt, der Eisvogel (Alcedo ispida), der vom Mönch des Teiches, vom Stein am Ufer, vom Zweig herab ins Wasser taucht und bald wieder mit der zappelnden Beute erscheint, der Reiher (Ardea cinerea), welcher gleich einem Angler ruhig und unbeweglich im Wasser steht und mit spitzigem Schnabel stossend seine Beute, grosse und kleine Fische, zu fassen versteht. Ihm reiht sich an der schwarze Storch (Ciconia nigra), während der weisse Storch (Ciconia alba) eigentlich nur Gelegenheitsdieb genannt zu werden verdient. Unter den Schwimmvögeln sind die beiden Säger (Mergus merganser und Mergus serrator) als bedeutende Fischräuber bekannt, während alle Schwimmvögel: Schwäne (Cygnus), Gänse (Anser), Enten (Anas), nur gelegentlich Fische erbeuten, dagegen an Laichplätzen unter Umständen viele der an Wasserpflanzen angeklebten Fischeier vernichten. Die Möven (Larus) gelten auf Binnengewässern nur als bedingt schädlich. Sumpf- und Wasserhühner (Rallae) sind harmlose Wasserbewohner, die Krähen (Corvus) nehmen das, was das zurücktretende Hochwasser liegen liess.

Von den Fischen ist allein der Stichling (Gasterosteus aculeatus und G. pungitius) als Brutschädling ausgestellt. Unter den Amphibien gelten Frösche (Rana) und Molche (Triton) mit Recht als Räuber der Fischbrut.

Die Insekten, sowie ihre Larven, als da sind: Wasserkäfer (Dytiscus marginalis), Schwimm-, Ruder- und Wasserwanzen (Notonecta glauca, Nepa cinerea u. a.), Libellenlarven (Aeschna, Libellula, Agrion) und viele andere, sind als Brutschädlinge in Laichteichen und Aufzuchtteichen gefürchtet. Der deutsche Teichwirt weiss durch geschickt gewählte Zeit der Bespannung dieser Teiche die Entwickelung jener Schädlinge hintanzuhalten, so dass sie der Fischbrut nicht gefährlich werden können. (Vgl. auch S. 117 ff.).

Neben zahlreichen mikroskopischen Entoparasiten und Bandwürmern sind die ausgestellten Egel (Hirudo, Piscicola) als Repräsentanten der temporären Ektoparasiten kleine, aber schwer zu bekämpfende Fischfeinde. —

Den Beweis für die Richtigkeit der Beurteilung eines Tieres hinsichtlich seines Nutzens oder Schadens für die Fischerei liefert die Untersuchung des Mageninhaltes. Die sorgfältige Analyse ermöglicht, aus oft kleinen Resten der Beute den Räuber zu überführen; sie vermag aber auch zu zeigen, wie viele, oft für arge Fischräuber angesehene Wasservögel, z. B. das Blässhuhn (Fulica atra), völlig verkannt und mit Unrecht verfolgt werden.

Zur Abwehr der Schädlinge dienen Fallen der verschiedensten Art. Der Abschuss der Räuber ist aber nur unter ganz besonderen Verhältnissen dem Fischer erlaubt, nämlich dann, wenn er Besitzer des Gewässers ist und dieses entweder einen eigenen Jagdbezirk bildet oder auf Antrag aus einem solchen ausgeschieden ist. Gerade wegen der Schwierigkeit, selbst den Abschuss der Fischschädlinge zu bewirken, hat die Vervollkommnung der Konstruktion der Fallen eine grosse Bedeutung. Von seiten privater Besitzer sowie der Fischereivereine werden Prämien für Erlegung und Vertilgung fischereischädlicher Säugetiere und Vögel gezahlt. Man soll aber diese Tiere nur da bekämpfen, wo sie schaden; das planlose Töten derselben führt zur Ausrottung. Das in Deutschland in neuerer Zeit besonders lebhaft erwachte Bestreben, auch die lebenden Naturdenkmäler zu erhalten, hat dazu geführt, dass die seither vielfach sehr hohen Prämien für Vertilgung von Schädlingen verkleinert worden sind. Ein von Fischen lebendes Tier dort zu vernichten, wo es den wirtschaftlichen Bestrebungen des Menschen schädigend und hindernd entgegensteht, ist ein gutes Recht, es zu schonen, zu schützen und zu erhalten, wo seine Wirkung auf die Fischfauna eines Wassers ohne wirtschaftliche Bedeutung ist, sei eine unabweisbare Pflicht.

Schriften des Vereins:
1. Satzungen des Deutschen Fischerei-Vereins. Berlin.
2. Max von dem Borne: Züchtet Sommerlaichfische! Berlin.
3. Derselbe: Tod den Fischfeinden! Berlin.
4. Dr. A. Fritsch: Die Flussfischerei in Böhmen. Prag 1871.
5. M. G. Heting: Anleitung für die künstliche Zucht der Winterlaichfische. Berlin 1880.
6. E. Weeger: Über Errichtung von Aalbrutleitern. Berlin 1885.
7. H. Keller: Die Anlage der Fischwege. Berlin 1885.
8. Max von dem Borne: Kurze Anleitung zum Betriebe der künstlichen Fischzucht. Berlin 1890.
9. Derselbe: Sechs amerikanische Salmoniden. Neudamm 1890.
10. Derselbe: Kurze Anleitung der Fischzucht in Teichen. Berlin 1891.
11. E. Weeger: Tod den Reihern! Berlin 1891.
12. Professor Dr. Weigelt: Die Schädigung der Fischerei durch Haus- und Fabrikabwässer. Berlin 1892.
13. Derselbe: Der Deutsche Fischerei-Verein, seine Organisation und seine Leistungen. Berlin 1897.
14. Victor Burda: Über Karpfenzucht. Berlin 1898.
15. Dr. W. Dröscher: Der Krebs und seine Zucht. Berlin 1898.
16. Professor Dr. H. Nitsche: Die Süsswasserfische Deutschlands. Berlin 1899.

17. Professor Dr. Weigelt: Vorschriften für die Entnahme und Untersuchung von Abwässern und Fischwässern. Berlin 1900.
18. Zirkulare des Deutschen Fischerei-Vereins von 1870—1892. Berlin.
19. Zeitschrift für Fischerei 1893—1905, Jahrg. 1—12, nebst Inhaltsverzeichnis 1870—1892. Jahrg. 1—2 Leipzig-Reudnitz, 3—6 Charlottenburg, 7—12 Berlin.
20. Deutscher Fischerei-Verein. Entwurf von Abänderungen des Preussischen Fischerei-Gesetzes vom 30. Mai 1874. Berlin 1900.

Dr. Karl Eckstein,
Königlicher Professor an der Forstakademie, *Eberswalde.*
Die Nahrung der für die Fischerei wichtigen Vögel:

1. **Graphische Darstellung,** in welcher durch die Länge der farbigen Streifen die Menge der aus Fischen bestehenden Nahrung von Vögeln im Verhältnis zu ihrer sonstigen Nahrung veranschaulicht wird. Es bedeutet:

>Blau: Verzehrte Fische.
>Rotgelb: Sonstige Tiere und Pflanzen.
>Grün: Sand und Steine.
>Rosa: Federn.

Die im einzelnen Vogelmagen gefundenen Nahrungsmengen sind aus der Zahlenübersicht zu ersehen.

2. **Sammlung von Gläsern,** darstellend den Mageninhalt von 15 verschiedenen Vogelarten, in seine Bestandteile gruppiert. Man erkennt das Verhältnis, in welchem die Menge der verzehrten Fische zum sonstigen Mageninhalt steht. Die Länge der Glassäulen gibt das Verhältnis der Nahrungsmengen.

3. **Sammlung von Gläsern,** darstellend die Nahrung des Storches (Ciconia alba) und des Fischreihers (Ardea cinerea).
Die Sammlung zeigt:
 1. die dem Magen entnommenen Teile nur ausgewaschen und getrocknet, ohne jede weitere Bearbeitung,
 2. die anderen Magen derselben Vogelart entnommene Nahrung in ihre Teile zerlegt, ausgelesen und getrennt,
 3. diejenigen Tiere in unverletzter Form, deren Reste in dem Speisebrei vorhanden waren.

Aus der wirtschaftlichen Bedeutung dieser Beutetiere kann allein ein Schluss auf den Nutzen und Schaden des Vogels gezogen werden.

H. Ernsting,
Pächter der Fischzuchtanstalt *Beringstedt (Holstein)*.

Mitarbeiter: Landmann und Fischzüchter J. Hadenfeldt, Beringstedt.

Sammlung der in der Fischzuchtanstalt gezogenen Fische und der im Wasser lebenden Fischfeinde.

Die aus etwa 70 Stück grösseren und kleineren Zuchtteichen und -behältern bestehende Fischzuchtanstalt in Beringstedt wurde im Jahre 1881 von Jürgen Hadenfeldt gegründet. Sämtliche Fische werden im freien Wasser gezogen und sind daher durchaus gesund und widerstandsfähig. Die Fische gelangen in präpariertem Zustande zur Ausstellung, ausserdem auch noch eine Reihe schädlicher Wassertiere, nämlich:

Egelarten (Hirudo und Clepsine),
Schwimmkäfer (Dytiscus marginalis),
Wasserskorpion (Nepa cinerea),
Schwimmwanze (Notonecta glauca),
Libellen oder Seejungfern als Larven und Puppen (Libellula, Agrion und Aeschna),
Köcherjungfern (Phryganeen),
Eintagsfliegen-Larven (Ephemeriden),
Grosser grüner Frosch (Rana esculenta),
Kammmolch (Triton cristatus),
Feuermolch (Triton igneus),
Salamander (Salamandra maculata),
Elritze (Phoxinus laevis),
Stechbüttel (Gasterosteus aculeatus),
Zwergstichling (Gasterosteus pungitius),
ferner einige Schneckenarten.

Sämtliches Material ist den Teichen der Fischzuchtanstalt Beringstedt entnommen und vom Aussteller präpariert.

Die Wassertiere schaden hauptsächlich der Fischbrut; namentlich sind es solche im Larvenzustand, welche sich träge ihrem Opfer nahen, dann plötzlich ihre Fangmaske ausstrecken und ihr Opfer unfehlbar erhaschen. Die Schwimmwanze (Notonecta glauca) verzehrt wohl weniger, verletzt aber um so mehr Fische mit ihren giftigen Stichen, wodurch die Fische in eine Art Starre verfallen und verenden. Die meisten Wasserschnecken finden sich in Teichen, Sümpfen und Gräben im Flachlande, in welchen viele Pflanzen wachsen, sie kommen aber auch in hohen Gebirgslagen vor. Sie legen zumeist auf der Unterseite der auf dem Wasser schwimmenden Blätter ihren Laich ab. Allmählich entwickelten sich die Schnecken mit einer kleinen Schale. Nachdem sie ausgeschlüpft sind, zerstreuen sie sich auf den Pflanzen, soweit sich diese unter Wasser befinden. Einzelne Sumpfschnecken bringen lebende Junge zur Welt. Die neugeborenen Schneckchen sind im Verhältnis zur Mutter ungewöhnlich gross, bringen auch schon ein Gehäuse mit. Die Schnecken bilden eine gute, lebende Fischnahrung und sind zur Reinhaltung von Aquarien wohl zu empfehlen.

Ernst Giesecke, Geschäftsführer des Ausschusses für Fischerei der Landwirschaftskammer für die Provinz Hannover, *Hannover, Stolzestrasse 20.*

Kasten mit 31 kleinen und 11 grösseren Gläsern, **darstellend die Entwickelungsstadien des Weserlachses** vom unbefruchteten Ei bis zum zweijährigen Lachs.

Der Laichlachsfang in der Weser bei Hameln beginnt meistens im letzten Drittel des Monats Oktober. Der Erfolg hängt wesentlich vom Wasserstande ab. Am meisten wird der Laichlachs gefangen, wenn der Wasserstand niedrig ist und sich wenig über 0,0 des dortigen Pegels hält. Auch die Temperatur des Wassers scheint von Einfluss zu sein. Bei $+8°$ R ist der Fang am ergiebigsten, er hört auf, wenn die Temperatur auf $+3°$ R zurückgeht. Bei eintretendem stärkeren Frost wird der Fang ganz eingestellt, ebenso bei Hochwasser. Die meisten Lachse werden gewöhnlich in der ersten Hälfte des November gefangen. Zuerst steigen hauptsächlich kleine Männchen von 4 bis 8 Pfund auf. Die Fangergebnisse und demgemäss die Eiergewinnung sind in früheren Jahren sehr ungleichmässig ausgefallen. Es sind bei Hameln an Lachseiern gewonnen:

im Jahre	1881	=	171 000	Stück
„	„	1882	=	110 000	„
„	„	1883	=	210 000	„
„	„	1884	=	273 000	„
„	„	1885	=	213 000	„
„	„	1886	=	460 000	„
„	„	1887	=	433 000	„
„	„	1888	=	388 000	„
„	„	1889	=	405 000	„
„	„	1890	=	962 000	„

im Jahre	1891 =	919 000	Stück
" "	1892 =	985 000	"
" "	1893 =	1 663 000	"
" "	1894 =	1 400 000	"
" "	1895 =	3 144 000	"
" "	1896 =	1 079 000	"
" "	1897 =	1 200 000	"
" "	1898 =	2 018 000	"
" "	1899 =	1 603 000	"
" "	1900 =	1 437 000	"
" "	1901 =	1 210 000	"
" "	1902 =	2 171 000	"
" "	1903 =	1 069 500	"
" "	1904 =	1 840 000	"
" "	1905 =	3 036 000	"

Die Ursachen des ungleichen Aufstiegs der Laichlachse sind unbekannt.

Der Weserlaichlachs wird mit Senke und Zuggarn gefangen. Es sind meistens zwei vom Boot aus bediente Senken und zwei Zugnetze im Betriebe und 17 Mann zur Bedienung erforderlich. Unter dem Hamelner Wehr wird mit der Senke gefangen und weiter stromabwärts mit dem Zuggarn. Das Zuggarn ist ein einwantiges Segenetz von 80 bis 100 m Länge, 2 m Höhe und 5 cm Maschenweite. Laichreife Lachsweibchen werden selten gefangen. Gegen Ende der Fangzeit (Anfang Dezember) kommen abgelaichte Weibchen vor, oft auch schon früher.

Es sind Laichplätze in der Nähe der Fangstellen beobachtet, welche eine Breite von 1 m und eine Länge von mehr als 10 m haben. Es sind dies vom Schlamm gereinigte Gassen mit grobem bis faustdickem Kiesuntergrunde. Bei der ungünstigen Beschaffenheit der in der Not ausgewählten Plätze ist aber mit Sicherheit anzunehmen, dass die Eier in dem Schlamm, welcher bald den Kies wieder überdecken wird, zugrunde gehen.

Die gefangenen Lachse werden, nach Geschlechtern getrennt, in Lattenkästen von $1^1/_2$ m Breite und Höhe aufbewahrt, welche im Flusse verankert werden. In einem solchen Kasten können 10 mittelgrosse Weibchen oder 15 bis 20 Männchen etwa 3 Wochen gebrauchsfähig aufbewahrt werden. Die Hälter der Männchen werden oberhalb der Weibchenhälter im Strome befestigt. Die Hälterkästen werden täglich untersucht, um festzustellen, ob reife Weibchen vorhanden sind. Ein selbsttätiges Ablaichen der Weibchen im Hälter ist noch niemals beobachtet. Die Untersuchung, zumal der grossen Weibchen, welche hier bis zu 35 Pfund gefangen werden, kann nun nicht so wie bei kleinen Forellen vorgenommen werden, dazu ist der Lachs zu gross und die Gefahr vorhanden, dass Beschädigungen eintreten, welche die Brauchbarkeit der Eier in Frage stellen. Auch würde man sich oft täuschen, wenn man jeden Lachs, der beim Aufnehmen Eier verliert, für laichreif halten würde. Es gibt aber ein äusseres untrügliches Erkennungszeichen, dass der Lachs reif ist. Es wird das Weibchen mit dem Hamen vorsichtig aus dem Hälter genommen und am Strande auf ein ausgebreitetes Laken gelegt. Ein Fischer erfasst nun das Weibchen oberhalb der Schwanzflosse, so dass der Kopf nach unten hängt und der Bauch des Fisches dem Fischmeister zugekehrt ist. Fällt jetzt der Leib vom After bis zu den Bauchflossen faltig zusammen, oder mit anderen Worten, fallen die Eier bis hinter die Bauchflossen im Leibe des Fisches zurück, so ist mit Sicherheit darauf zu rechnen, dass der Lachs laichreif ist. Fallen die Eier nicht ganz so tief, so wird das Weibchen in den Hälter zurückgesetzt und erst in 3 bis 4 Tagen wieder untersucht. Beim reifen Weibchen treten die Eier ohne jeden Druck selbsttätig hervor und fallen in gleichmässiger Folge in die Befruchtungsschale. Beim Abstreichen ergreift ein Fischer den Lachs beim Kopfe, führt die Zeigefinger vorsichtig, unter Kiemendeckel und Kiemen hindurch, hinter dem Jochbein in das Maul, die Daumen zu beiden Seiten der Augen, und hebt ihn bei ausgestreckten Armen in die Höhe. Ein zweiter Fischer ergreift den Lachs beim Schwanze, indem er gleichzeitig einen Zeuglappen herumschlägt, damit die Hände nicht abgleiten. Mit dem Schwanze dicht über der Befruchtungsschüssel fallen nun die Eier in gleichmässigem Strahle hinein. Der Fischmeister hilft nur durch einen leichten Druck in der Gegend der Brustflossen. Gewaltsam abgedrückte Eier sind wertlos und die Ursache der grossen Verluste in den Anstalten. Die abgestrichenen Lachse werden getötet und verwertet. Sie werden ebenso wie die Sommerlachse meistens nach dem Rhein versandt. Ein Weibchen gibt meistens soviel tausend Eier, als es Pfunde schwer ist, es gibt z. B. ein zehnpfündiges Weibchen 10 000 Eier.

Die Befruchtungsschalen haben eine Grösse von 70/40 cm, bei 20 cm Tiefe. Sie sind vorn mit breitem Ausguss zum Ausschütten der Eier und unten in der Mitte der Bodenfläche mit einem 10 qcm grossen Siebe versehen, unter welchem, von aussen regulierbar, ein Schieber angebracht ist. Es wird auf diese Weise erreicht, dass die Eier trocken in der Schale liegen, bevor die Milch hinzutritt. Je nach der Menge der Eier werden bei jedem Abstrich 2 bis 3 gute Milchner benutzt. Dann werden die Eier mit den Händen sorgfältig durchgemengt, einige Handvoll Wasser zugesetzt und die Schale dann zur Seite gestellt. Nach einiger Zeit findet das Abgiessen der Eier statt und schliesslich das Einfüllen in die Transportkannen. Die Transportkannen haben 16 l Inhalt und nehmen 40 000 frisch befruchtete Eier auf. Gewöhnlich werden auf allen Fangstellen an einem Abnahmetage 100 000 bis 300 000 Eier gewonnen.

Die mit Eiern und Wasser gefüllten Kannen werden auf einem besonders konstruierten Federwagen zur Anstalt Hemeringen gebracht und noch denselben Abend auf die Siebe verteilt. Die Bruttröge sind 2 m lang, mit je drei Sieben. Auf jedes Sieb kommen 9000 Eier, so dass ein Kasten 27 000 Eier enthält. Es sind je zwei Kästen unter- und nebeneinander aufgestellt. Je zwei Kästen mit 54 000 Eiern erhalten bis zum Ausschlüpfen der Brut $1/6$ bis $1/4$ l Wasser, die Brut erhält reichlich $1/3$ l pro Sekunde. Es wird fast ausschliesslich mit Bachwasser gebrütet. Für den Notfall steht auch Teich- und Quellwasser zur Verfügung.

Die Erbrütung geschieht in einer von den Anschauungen mancher Salmonidenzüchter abweichenden Weise, welche die Eier bis zum Sichtbarwerden der Augenpunkte nicht gern berühren wollen. Nachdem die Eier ausgezählt, ausgemessen, auf die Siebe gebracht, sorgfältig ausgesucht sind, erhalten sie 8 Tage Schonzeit. Von da ab bis zu 160 Tagesgraden*) Reaumur werden die Eier täglich ausgesucht. Hierbei wird mit einer Gänsefeder der Siebboden gehörig gereinigt, indem die Eier zur Seite geschoben werden. Wöchentlich einmal werden die Eier abgebraust und bei dieser Gelegenheit Tröge, Zuleitungsrinnen und die äusseren Siebböden gründlich mit Bürste und Schwamm gereinigt. Hierauf wird eine Lösung von übermangansaurem Kali (2 Gramm in 1 Liter Wasser) bei gleichmässig fliessendem Wasser in die Tröge geschüttet. Je zwei Tröge erhalten $1/2$ Liter dieser Lösung. Alle Kästen werden täglich nachgesehen, die Eier werden dabei mit der Feder bewegt und von

---

*) Unter „Tagesgrade" versteht man das Mittel aus der täglich zweimal gemessenen Temperatur des Brutwassers, z. B. hat ein Lachsei im Alter von 30 Kalendertagen bei einer durchschnittlichen Brutwassertemperatur von $2^0 R = 60$ Tagesgrade, bei $5^0 R$ aber 150 Tagesgrade.

anhaftendem Schmutze befreit, die Siebböden gereinigt und die abgestorbenen Eier mit der Pinzette ausgesucht. Bei dieser Behandlung ist der Verlust gleichmässig äusserst gering und Pilzbildung nicht zu befürchten. Von 160 Tagesgraden bis zum Sichtbarwerden der Augenpunkte bei 200°R wird die tägliche Arbeit nur auf das vorsichtige Aussuchen der abgestorbenen Eier beschränkt. Sind die Augenpunkte vorhanden, so werden die Eier jeden zweiten Tag abgebraust, nachdem zuvor Kästen und Siebe mit schwacher Kochsalzlösung gründlich gereinigt sind. In diesem Stadium sind nennenswerte Verluste eigentlich nicht mehr vorhanden. Der Gesamtverlust beträgt etwa 3 Prozent. Hierbei ist zu berücksichtigen, dass die im Freien mit oft starren Fingern im hohen Schnee vorgenommene Befruchtung nicht so vollkommen sein kann, wie die Befruchtung der Salmoniden in einer Brutanstalt, und dass durch die unvermeidliche längere Haltung der Weibchen in den Lattenkästen oft eine Überreife der Eier eintritt, deren nachteilige Folgen erst bei der Erbrütung zu Tage treten, und deshalb bei Lachserbrütung ein grösserer Verlust eigentlich selbstredend ist. Bei 420 Tagesgraden Reaumur schlüpft die Brut aus und wird dann so behandelt, wie andere Salmoniden.

Über die Eier jedes Siebes in der Anstalt wird ein besonderes Konto geführt, welches Aufschluss gibt über Herkunft, Datum des Abstriches, Anzahl der aufgelegten Eier, tägliche notierte Verluste, Sichtbarwerden der Augenpunkte, Temperaturgrade der Erbrütung und über die Abgabe der Eier oder Brut an fremde Anstalten.

Die Tagesbrut wird **aussetzungsfähig**, wenn sie den Dottersack zu drei Viertel verloren hat, beiläufig bei 560 Tagesgraden R.

Dann wird sie im Quellgebiet der Bäche, da, wo der Lachs oder die Forellen unter natürlichen Verhältnissen laichen würden, ausgesetzt. Am besten hinter Bachkraut und Steinen, da, wo sich Schutz und Nahrung bietet. Hier verbleibt sie gewöhnlich bis August und wandert dann als Setzling von etwa 7 cm Länge bergab, dem grösseren Flusse zu.

Es wird die Brut aber auch in kleinen Teichen mit **künstlichen Futtermitteln** zum Setzling aufgezogen und dann erst, im Herbst, in den Unterlauf der Bäche ausgesetzt. Die Setzlingsaufzucht mit künstlichen Futtermitteln erfordert viel Erfahrung und ist meistens auch mit Verlusten verbunden.

(Über die Bedeutung der deutschen Lachszucht vgl. S. 59 ff.)

Adolf Glauss, Klempnermeister,
Königsberg (Ostpreussen), Drummstrasse 1.

(Siehe auch S. 134.)

Drei Brutapparate eigener Konstruktion mit Lattengestell. Diese drei Apparate bilden ein Ganzes und bestehen aus einem viereckigen Zinkblechkasten mit Drahtnetz-Einsatz, welcher zur Aufnahme von 4000 bis 5000 und mehr Eiern ausreicht. Die Apparate sind so hintereinander aufzustellen, dass das Wasser von einem Apparat in den anderen läuft. Das Wasser muss beständig fliessen.

Sammelkasten des Abflusswassers, passend zu vorerwähntem Holzgestell.

Brutapparat eigener Konstruktion mit Aufsatz zur Aufnahme von 6000 bis 10000 Eiern und hermetischem Verschluss. Der untere Behälter wird als Filter benutzt und zu diesem Zwecke mit Grand oder Kies gefüllt. Das Wasser steigt hier mittelst eines am Boden befestigten Rohres, das, nach aussen geführt, einen Schlauch erhält, von unten nach oben.

Kalifornischer Bruttrog. Besteht aus einem nach von dem Borne konstruierten viereckigen Zinkblechkasten mit einem etwas unterhalb des oberen Randes angebrachten Abflussrohre. In dieses Abflussrohr passt das Abflussrohr eines zweiten flacheren und kürzeren Kastens hinein, der mit einem Sieb und Drahtnetzboden versehen ist. Nachdem der kleinere Kasten in den grösseren hineingesetzt ist und beide mit Wasser gefüllt sind, werden die Eier in fünf- bis zehnfacher Schicht auf den Siebboden gelegt. Das Brutwasser strömt in den äusseren Kasten hinein und muss durch den Siebboden des kleineren und die ganze Dicke der Eierschicht hindurchfliessen, um durch das Abflussrohr auszuströmen.

Verbesserter Bruttrog nach von dem Borne, der als Bachapparat verwendet werden kann, indem man ihn etwa bis zur halben Höhe des Abflussrohres in strömendes Wasser setzt. Die dem Abflussrohre gegenüber liegende Wand des äusseren Kastens besteht zur Hälfte aus Drahtgeflecht, wird dem Strome zugekehrt und ist mit einem Schieber versehen, mittelst dessen man den Zufluss des Wassers regulieren kann.

Wilmotscher Trichterapparat. Unterscheidet sich von dem Kalifornischen Troge nur dadurch, dass der innere Kasten sich nach unten zu trichterförmig verjüngt und einen Siebboden von nur einem Drittel des Durchmessers der oberen Öffnung besitzt. Es wird dadurch bei gleichem Wasserzufluss eine etwas stärkere Strömung erzielt.

Weiss'scher Selbstausleser mit Glasaufsatz. Wirft infolge der aufsteigenden Strömung des Wassers die toten Eier und leeren Eierschalen selbständig aus. In diesem Apparat lassen sich bequem 5000 bis 10 000 Eier ausbrüten.

Brutapparat nach Schuster mit Einsatz und Deckel. Ist namentlich zur ersten Aufnahme frisch befruchteter Eiermengen von Lachsen, Forellen, Maränen usw. seiner einfachen Anwendung wegen sehr vorteilhaft.

Bruttrog nach la Valette St. George zum Ausbrüten von Forelleneiern.

Bruttrog, mit Zink ausgeschlagen, dient ebenfalls zum Ausbrüten von Eiern. Es werden auf den Boden zwei Leisten gelegt, worauf kleinere oder grössere Brutsiebe gestellt werden. In den Abfluss desselben steckt man ein Zinkrohr, womit der Wasserstand bequem reguliert werden kann. Der Trog eignet sich auch zum Unterbringen der kleinen Fischchen, indem man in das Abflussrohr den Staukorb steckt.

Brutapparat nach Eckardt, zur Aufnahme von etwa 6000 Lachs- oder 8000 bis 10 000 Bachforelleneiern.

Kleiner Brutschrank, in welchem sich flache Schubladen mit Siebböden befinden. Der obere Teil des Schrankes unter dem Deckel wird mit Eis gefüllt. Der Siebboden jeder der niedrigen Schubladen wird mit einem Stück Flanell oder Fries belegt. Jede Schublade wird dann ins Wasser gesetzt, um die Eier darauf mit Federfahnen gleichmässig auszubreiten, worauf sie in den Schrank eingeschoben werden. Das abträufelnde Wasser, Schmelzwasser des Eises, hält die Eier feucht und kühl, und die Eier entwickeln sich so vorzüglich.

Brutkapsel, welche als Bachapparat in strömendes Wasser gesetzt wird.

Grosses Brutsieb.

Löffel zum Schöpfen und Umrühren der Eier.

Messlineal und **10 Eiermasse** zum Messen der Eier.

Saugrohr und **2 Pinzetten** zum Entfernen der toten Eier.

Fangkasten mit Sperrsieb, dient zum Auffangen der ausgebrüteten Fischchen.

Ernst Günther, Zoologe,
Berlin N. 65, Nazarethkirchstrasse 47.

Süsswasserfische, je 15 Stück von 8 cm Länge in 2 Zylindergläsern mit Formalinlösung, an Glasplatten befestigt.

Die Präparate enthalten in systematischer Ordnung Süsswasserfische und stellen die verschiedenen Fischformen in anschaulicher Weise dar, so dass sie zum Zwecke des Schulunterrichtes sowie als Modelle für den Zeichenunterricht geeignet sind, hauptsächlich aber dem Bedürfnis Rechnung tragen, jedermann, besonders den Fischereivereinen und den damit verwandten Korporationen, eine gute Kenntnis der Süsswasserfische zu ermöglichen.

Alfred Gutmann, Aktien-Gesellschaft für Maschinenbau, Altona-Ottensen, Hauptbahnhof Altona.

Zwei Filterbilder.

Die Bilder stellen Wasserfilter dar nach dem Patent Doublet zum Filtrieren von grösseren Wassermengen mit oder ohne Anwendung von Chemikalien, für direkte Filtration oder nach vorheriger Klärung für Rohwasser oder auch Abwässer. Der Filter bleibt bei der Filtration in Ruhe; hat sich nach längerer Benutzung das Filtermaterial verstopft, so wird der Wasserstrom umgekehrt und der Filter während ein paar Minuten in Drehung versetzt, wodurch eine ganz energische Reinigung des Filtermaterials stattfindet, ohne Hilfe von Dampf, Presslust oder Betriebskraft und ohne das Filtermaterial aus dem Filter herauszunehmen. Alle Teile des Filters sind leicht zugänglich; um die als Röhren ausgebildeten Siebe nachzusehen, braucht man nur ein paar Deckelchen abzuschrauben.

Der Lauf des Wassers im Filter ist folgender: Das Wasser tritt durch den einen Zapfen in den Filter ein, geht durch vier Radialkanäle nach dem Ringkanal und fliesst in die Siebröhren nahe beim Umfang des Filters. Durch die Schlitze dieser Röhren tritt es in den Sand, wo es gereinigt wird, während es nach der Mitte des Filters fliesst, wo sich eine zweite Reihe perforierter Röhren befindet. Das gereinigte Wasser strömt durch die Schlitze in diese Röhren und verlässt dann den Filter durch den anderen Zapfen, von wo es durch die Rohrleitung dem Reinwasserbehälter zugeführt wird. Beim Waschen durchläuft das Wasser den umgekehrten Weg durch den Filter.

Professor Dr. Bruno Hofer, München, Veterinärstrasse 6.

12 Alkoholpräparate von gesunden Fischen der deutschen Fauna.

20 Alkoholpräparate von kranken Fischen der deutschen Fauna.

Apparat zur Bestimmung des Sauerstoffs im Wasser nach Professor Dr. Hofer.

Kiste mit Gläsern, Reagentien und Vorschriften zum Füllen der Gläser sowie zum sofortigen Fixieren des Sauerstoffes im Wasser nach der Winklerschen Methode. (Das Gläschen Nr. 1 enthält 30prozentige Manganchloridlösung, Nr. 2 30prozentige Lösung von Kalilauge und 10prozentiges Jodkali.) Wird in der vorliegenden Form seit einer Reihe von Jahren von der Königlich Bayerischen Biologischen Versuchsstation für Fischerei in München an Fischwässer geschickt, deren Sauerstoffgehalt genau bestimmt werden soll. Ist besonders wichtig zur Untersuchung von Quellwasser für Brutanstalten und namentlich, um unter dem Eise in Winterteichen den Sauerstoffgehalt des Wassers messen zu können und dadurch auf einen eventuellen Fischaufstand rechtzeitig aufmerksam zu werden. Die Behandlung der Gläser und ihre Füllung ist eine so einfache, dass sie von jedermann besorgt werden kann; der besondere Vorteil der vorliegenden Einrichtung besteht darin, dass der untersuchende Chemiker nicht wie bisher an Ort und Stelle reisen muss, sondern dass das Wasser, welches sich unterwegs infolge des Zusatzes der beigegebenen Reagentien nicht mehr verändert, in das Laboratorium geschickt werden kann.

Die Methode ist für manche Fälle auch in den Händen des Praktikers brauchbar, z. B. um den Sauerstoffgehalt in Transportfässern auf der Reise sofort annähernd beurteilen zu können, oder auch, um den Sauerstoff in Quellen und Winterteichen ganz annähernd schätzen zu können, da, wie in drei Gläsern gezeigt ist, der Niederschlag, welcher auf Zusatz der beigegebenen Reagentien entsteht, um so heller bleibt, je weniger Sauerstoff im Wasser ist, und um so dunkler wird, je mehr davon vorhanden ist. Dem Apparat ist eine Farbenskala beigegeben, aus welcher der Sauerstoffgehalt unmittelbar abgelesen werden kann.

Glas Nr. 1 enthält gar keinen Sauerstoff, der Niederschlag bleibt hell.

Glas Nr. 2 enthält 3 ccm Sauerstoff, der Niederschlag ist gelbbraun.

Glas Nr. 3 enthält 7 ccm Sauerstoff, der Niederschlag ist braun.

Nähere Auskunft erteilt die Biologische Versuchsstation in München.

31 Tafeln mit farbigen Darstellungen der Fische von Mitteleuropa. Herausgegeben von † C. Vogt in Genf und Bruno Hofer in München.

Auf den Tafeln sind die Fische ihrer Form nach auf Grund von photographischen Aufnahmen nach dem Leben, ihren Farben nach auf Grund von Ölbildern nach dem Leben, welche Kunstmaler P. Klapper in München gemalt hat, chromolithographisch von der Firma Werner & Winter in Frankfurt a. M. hergestellt worden.

7 farbige Ölbilder mit Darstellungen der Karpfenrassen nach Professor Hofer, gemalt von Kunstmaler P. Klapper in München.

Handbuch der Fischkrankheiten von Professor Dr. Hofer, daneben eine Tafel mit 18 farbigen Abbildungen kranker Fische.

Josef Hofer, Fischzüchter, Oberndorf am Neckar (Württemberg).

Gläser mit Bachforellen, in Formalin präpariert, enthaltend:

Trutta fario L. (Bachforelle) ♀ 4jährig
„   „   „   „   ♀ 4 „
„   „   „   „   2 „
„   „   „   „   2 „
„   „   „   „   1 „
„   „   „   „   1 „
„   „   „   „   Brut
„   „   „   „   Eier mit Augenflecken.

Gläser mit Regenbogenforellen, in Formalin präpariert, enthaltend:

Salmo irideus Gibb. (Regenbogenforelle) ♀ 4jährig, Mutterfisch
„   „   „   „   ♀ 4 „
„   „   „   „   ♂ 2 „
„   „   „   „   ♀ 2 „
„   „   „   „   1 „
„   „   „   „   1 „
„   „   „   „   Brut
„   „   „   „   Eier mit Augenflecken.

Gläser mit Bachsaiblingen, in Formalin präpariert, enthaltend:

Salmo fontinalis Mitch. (Bachsaibling) ♂ 4jährig
„   „   „   „   ♀ 4 „ , Mutterfisch
„   „   „   „   ♂ 2 „
„   „   „   „   ♀ 2 „
„   „   „   „   1 „
„   „   „   „   1 „
„   „   „   „   2 „ getigerte Form
„   „   „   „   „fressend."

Aussteller ist Besitzer von zwei Fischzuchtanlagen. Die eine Anlage liegt am Ursprung des Sulzbaches, 5 Minuten vom Bahnhof Oberndorf a. Neckar, und ist 1,28 ha gross. Hiervon ist die Hälfte in 13 Teichen und einem heizbaren Bruthaus, welches 6,5 m lang und 5,5 m breit ist, angelegt, das übrige ist Gras und Bauerngarten. Sämtliche 13 Teiche werden jedes Jahr mit Brut besetzt, wovon Aussteller im letzten Herbst 47 000 Regenbogenforellen, 22 000 Bachsaiblinge und 12 000 Bachforellen abfischte. Was bis Mitte März eines jeden Jahres an Zuchtfischen nicht verkauft ist, wird dann nach der weiter unten näher bezeichneten Anlage überführt. Dann werden sämtliche 13 Teiche trocken gelegt und Mitte April wieder mit Brut bespannt.

Die zweite Anlage befindet sich 25 Minuten vom Bahnhof Oberndorf entfernt und liegt am Ursprung des Lautenbaches, welch letzterer sehr starke Quellen hat. Die Anlage ist 1 ha gross und ebenfalls in 13 Teiche eingeteilt; auch befindet sich hier ein Bruthaus, welches 10 m lang und 6 m breit ist. In beiden Bruthäusern des Ausstellers sind 800 000 bis 900 000 Eier und Brut untergebracht. In der letzten Anlage hält Aussteller seine Zuchtfische und treibt Aufzucht von Jährlingen zu Speisefischen. Etwa 30 000 Jährlinge sind in diesen Teichen verteilt, die in den Monaten Juni bis August als Portionsfische ($1/_5$ bis $1/_4$ Pfund schwer) verkauft werden.

In beiden Anlagen werden Fische, Fischmehl und Schlachthausabfälle verfüttert.

Königliche Generalkommission für die Provinzen Brandenburg und Pommern, *Frankfurt a. d. Oder.*

Kartenmässige Darstellung und Verzeichnis der in der Provinz Brandenburg auf Grund des Gesetzes, betr. die Ergänzung der Gemeinheitsteilungsordnung vom 7. Juni 1821 usw., vom 2. März 1850 in den Jahren 1851 bis 1902 **zur Ablösung gebrachten Fischereiberechtigungen.**

Nach der Gemeinheitsteilungsordnung vom 7. Juni 1821 waren Fischereiberechtigungen nicht selbständig ablösbar; erst das Gesetz, betr. die Ergänzung und Abänderung der Gemeinheitsteilungsordnung vom 7. Juni 1821 usw., vom 2. März 1850 erklärt u. a. die Berechtigung zur Fischerei in stehenden oder fliessenden Privatgewässern, sofern sie auf einer Dienstbarkeit beruht, auf den Antrag sowohl des Berechtigten als der Verpflichteten nach den Grundsätzen der Gemeinheitsteilungsordnung vom 7. Juni 1821 für selbständig ablösbar.

Die Ablösung fremder Fischereiberechtigungen ist meist Voraussetzung für einen ordnungsmässigen Betrieb und für eine planmässige Hebung der Fischerei in den Fischgewässern. Diese Erkenntnis hat zu vielen Anträgen auf Ablösung nach dem Gesetz vom 2. März 1850 geführt. Die Ergebnisse der in der Provinz Brandenburg durchgeführten Ablösungen sind auf dem ausgestellten Lageplan und in einem beigefügten Verzeichnis kurz dargestellt.

Es sind indessen noch viele Fischgewässer in der Provinz Brandenburg mit Berechtigungen belastet, deren Ablösung im Interesse der Hebung der Fischerei zu wünschen wäre.

Königliche Geologische Landesanstalt und Bergakademie, *Berlin N. 4, Invalidenstrasse 44.*

Mitarbeiter: Kgl. Landesgeologe Prof. Dr. Jentzsch, Berlin N. 4, Invalidenstr. 44.

7 **Geologische Karten** mit Tiefenlinien oder Tiefenstufen der Gewässer.

Die von der Anstalt herausgegebene **Geologische Karte von Preussen und benachbarten Bundesstaaten** im Massstabe 1 : 25000 begann im Jahre 1870 zu erscheinen. Bis zum Schlusse des Jahres 1905 kamen 625 Blatt in den Buchhandel, von denen eine kleine Auswahl hier ausgestellt ist. Zu jedem Blatte gehört ein Heft gedruckter „Erläuterungen". In neuerer Zeit wird auch den Wasserflächen, insbesondere den Seen, eine der wirtschaftlichen Bedeutung derselben entsprechende Untersuchung gewidmet. Zu diesem Zwecke ist bei der Anstalt ein „Seen-Archiv" eingerichtet und mit dessen Leitung der Landesgeologe Professor Dr. Jentzsch beauftragt worden. Das Seen-Archiv soll die gedruckten und handschriftlichen Nachrichten und Forschungen über preussische usw. Seen sammeln und planmässig herausgeben. Die hierbei sich zeigenden Lücken werden durch Beamte und freiwillige Mitarbeiter der Anstalt nach und nach ausgefüllt. Insbesondere erhalten die Seen der geologischen Kartenblätter von jetzt ab nach Möglichkeit Tiefenlinien (Isobathen). Daneben gehen Forschungen über den Untergrund der Seen und deren Umgestaltungen, physikalische und chemische Untersuchungen des Wassers wie des Bodenschlammes u. s. f.

Zum allgemeinen Verständnis der ausgestellten Karten mögen folgende Bemerkungen dienen:

Über die preussischen Seen.

Preussen enthält ungefähr 10000 Seen. Die meisten derselben liegen in dem nordöstlichen Teile des Staates, in den Provinzen Ostpreussen, Westpreussen, Posen, Brandenburg, Pommern und Schleswig-Holstein. Mehr als die Hälfte dieser Seen ist kleiner als $^1/_{100}$ km², und nur wenige Dutzende von Seen überschreiten die Grösse von 10 km². Bezeichnend für viele Gebiete Preussens ist hiernach die grosse Zahl kleiner und kleinster Seen, welche in den verschiedensten Gestaltungen das Land durchschwärmen und demselben, trotz des Fehlens hoher und steiler Gebirge, vielorts einen hohen landschaftlichen Reiz verleihen. Wo sich Seen zwischen lachenden Fluren und fruchtbaren Wiesen dahinziehen, oder sich in deren klarem Wasser die Waldungen der märkischen Kiefer, der holsteinischen und pommerschen Rotbuche oder der ostpreussischen Rottanne, oder Birken und Erlen spiegeln, da geniesst der Wanderer landschaftliche Schönheiten intimer Art.

Die grosse Zahl kleiner und mittlerer Seen bewirkt es, dass zahlreiche Gemeinden und Einzelgüter eigene Fischereinutzungen haben und auch die Nebennutzungen an Eis wie an Rohr (Phragmites) zum Decken fast überall im Lande verbreitet sind.

Der Seenreichtum ist die Folge der geologischen Geschichte des Landes. Während der Eiszeit erstreckte sich eine zusammenhängende, viele hundert Meter mächtige Decke Landeis von Schweden und Finnland, die heutige Ostsee überschreitend, über Norddeutschland bis zu den mitteldeutschen Gebirgen. Beim Wegschmelzen hinterliess das Eis eine mit nordischen Steinen übersäte, aber nach deren Wegräumung fruchtbringende, tiefgründige Landschaft, in welcher Lehmboden mit Mergeluntergrund vorherrscht, aber selbst die reichlich eingestreuten Sandflächen sich gegenüber den Sanden mancher Verwitterungsböden durch Beimengung von Feldspat (d. h. einem Kalimineral) und zumeist auch in der Tiefe durch einen gewissen Kalkgehalt vorteilhaft auszeichnen.

In der „Glazial-Landschaft" liegen die meisten unserer Seen, weshalb diese Landesteile auch als „Seenplatte" bezeichnet werden. Hier sind die grössten Seen:

in Preussen: der Spirdingsee in Ostpreussen mit 120 km²,
in Norddeutschland überhaupt: die Müritz im Grossherzogtum Mecklenburg mit 133 km².

Viele Seen haben nur wenige Meter Tiefe; die meisten unter 20 m, nur wenige über 50 m. Am tiefsten ist der Schaalsee in der Provinz Schleswig-Holstein mit etwa 70 m Tiefe.

Die Seen der Glazial-Landschaft haben sehr wechselnde Umrisse: Manche, zumal kleine, sind fast kreisrund, viele sind schmal und flussartig lang; einzelne kreuzförmig; andere amöboid. Meist liegen je mehrere Seen in Gruppen beieinander. In einzelnen Fällen sind solche Gruppen durch kurze Kanäle zu vielverzweigten **Schiffahrtsstrassen** umgestaltet worden. So vereinigt eine Schiffahrtsstrasse die Seen der Umgegend von Osterode in Ostpreussen und Deutsch-Eylau in Westpreussen untereinander und durch den „Oberländer-Kanal", welcher durch eigenartige Anlagen 100 m Gefälle überwindet, mit der Stadt Elbing und dem Meere. Eine noch höhere Wasserstrasse, welche 117 m über dem Meere von Fracht- und Personendampfern befahren wird, verbindet im Herzen Ostpreussens zahlreiche grosse Seen mit dem Spirdingsee, entbehrt aber zur Zeit noch einer bequemen Verbindung mit dem Meere. In der Mark Brandenburg sind insbesondere zahlreiche Seen der Umgebung von Berlin, Potsdam usw. zu einer trefflich schiffbaren, 30 bis 33 m über dem Meere liegenden Wasserstrasse vereinigt, welche durch die Elbe und Oder mit Nordsee und Ostsee in Verbindung steht und für den Frachtenverkehr Berlins wie der Mark Brandenburg von grosser Wichtigkeit ist. Durch den „Teltow-Kanal" ist diese Verbindung soeben noch vervollkommnet worden. Weitere Kanalbauten stehen in Aussicht. Folgende Seentypen sind in Preussen zu unterscheiden:

1. **Die Seen des Glazialgebietes** erfüllen Vertiefungen, welche durch glaziale $\{$ und $\atop$ oder $\}$ fluvioglaziale Erosion vorgebildet $\{$ und $\atop$ oder $\}$ durch glaziale Emporpressung und Aufschüttung (Grundmoräne, Endmoränen, Åsar, Drumlins), durch fluvioglaziale Sande oder durch alluviale Neubildungen (Deltas, Torfmoore und die als „Seenbrücken" (J. 1905) einen See zerteilenden Flachwasser-Ablagerungen) abgegrenzt worden sind. Die meisten Seen sind heute Restseen einstiger grösserer und höher gestauter Seen, deren Uferterrassen sich in den verschiedensten Höhenstufen über dem jetzigen Seespiegel dahinziehen.

Neben den Seen des Glazialgebietes sind zu erwähnen:

2. **Die Strandseen** welche die deutsche Ostseeküste begleiten. Sie verdanken ihre Abtrennung vom Meere den Küstenströmungen, welche lange, schmale, meist von Dünen überlagerte Landzungen („Kliffhaken" oder „Nehrungen") aufbauen. Als Untertypen sind zu unterscheiden:

a) Die von der flachen Uferregion des Meeres abgeschnürten, durch je eine breite schiffbare Rinne mit dem Meere verbundenen und an dessen Steigen und Fallen teilnehmenden Strandseen: das Kurische Haff und das Frische Haff in Ost- und Westpreussen.

b) Ebensolche, nicht oder nur unvollkommen mit dem Meere verbundene Strandseen (so insbesondere an der Küste Pommerns von Kolberg bis Leba).

c) Durch den Strandwall abgeschnittene Förden (Fjorde), z. B. der Zarnowitzer See an der Grenze von Westpreussen und Pommern und mehrere Seen im westlichen Teile der deutschen Ostseeküste.

d) Durch relative Landsenkung dem Meere angegliederte, von letzterem streckenweise durch jüngstes Küsten-Alluvium neuerdings getrennte Binnenseen: das Stettiner Haff.

Die Typen a, b, d zeigen bei grossen Flächen nur geringe Tiefen, meist unter 5 m, nur in kleineren Teilen sinkt das Kurische Haff zu 7 m, das Stettiner Haff zu 9 m Tiefe herab.

3. Die Maare der Eifel sind rundliche, bis 74 m Tiefe erreichende Explosionskrater, die im gefalteten Devon der Rheinprovinz (westlich des Rheins) eingesenkt sind, und deren Wasserspiegel 334 m bis 479 m über dem Meere liegt. Sie sind sämtlich klein, $1/3$ km^2 höchstens erreichend. Etwas grösser, nämlich 3,3 km^2, ist in jener Gegend der Laacher See, welcher bei 53 m Tiefe und 275 m Meereshöhe sich den Maaren zwar unmittelbar und nahe verwandt anreiht, aber von vulkanischen Aufschüttungen begrenzt wird.

4. Kleine, durch örtliche Moränen abgesperrte Hochseen, wie die beiden „Teiche" im Riesengebirge, deren grösster $1/15$ km^2 gross und 23 m tief ist, aber trotz seiner 1218 m Meereshöhe von hohen, steil abfallenden Wänden umsäumt wird.

5. Einzelne zerstreute Seen, welche durch Erdfälle entstanden sind. Letztere sind teils auf tektonische Ursachen, teils auf Einstürze unterirdischer Auswaschungen von Gips usw. zurückzuführen.

6. Altwässer von Flüssen und einige wenige andere Seen, deren besondere Entstehungsgründe anzuführen hier zu weit führen würde.

Die Seen zu 3 und 4 liegen zwischen Fels und Felsschutt, alle übrigen Seen Preussens zwischen losen, ton-, lehm- oder sandartigen Aufschüttungen. Letztere können zwar, zumal als Geschiebemergel (Grundmoräne), so fest werden, dass sie, vom Wasser unterwaschen, zum See oder Fluss als steile, trotz ihrer geringen Höhe schwer ersteigbare Wände abfallen; aber zumeist hat sich das Wasser infolge allgemeiner Senkung der Seenspiegel so weit zurückgezogen, dass letztere nicht mehr unmittelbar den Fuss der Steilwände berühren. Nur am Meere und an einigen der grösseren Seen ist dies noch stellenweise der Fall.

Im Vergleiche mit anderen Ländern gehören alle Seen Preussens zu den „temperierten Seen" Forels, d. h. sie sind abwechselnd warm und kalt. In vielen Wintern (aber nicht in allen!) werden die Seen durch zusammenhängende Eisdecken geschlossen. Letztere werden in strengen Wintern so fest, dass mit Pferden bespannte Schlitten darauf fahren und den Verkehr der getrennten Seeufer sicher vermitteln und dass die besondere Methode der Fischerei „unter dem Eise" mit bestem Erfolge angewandt werden kann. Auch entwickelt sich auf den grösseren Seen in solchem Winter der Sport des Eissegelns und auf fast allen Seen der des Schlittschuhlaufs.

Da die grosse Mehrzahl der Seen weniger tief ist als die Sommerlage der thermischen Sprungschicht, so haben nur wenige der tiefsten Seen eine thermische Tiefenregion.

Dagegen kann eine biologische Tiefenregion in sehr vielen Seen unterschieden werden. Dieselbe umfasst jene Tiefe, in welcher zwar noch thermische Strömungen einen schwachen und äusserst langsamen Wechsel des Wassers herbeiführen, in welcher aber der viel lebhaftere, durch den Wind (Driftströmungen) bedingte Wasserwechsel nicht mehr — oder doch nur in verschwindend geringem Maße — hinabwirkt, so dass dort die Zufuhr des freien Sauerstoffs fehlt und eine diesem Luftabschluss entsprechende Fäulnis des niedergesunkenen Planktons eintritt, wodurch gleichzeitig höheren Pflanzen die Lebensmöglichkeit abgeschnitten wird.

Alle Seen haben am Ufer eine flache Schar mit im Wasser wurzelnden und hoch (oft über mannshoch) in die Luft ragenden Pflanzenbeständen (Phragmites, Scirpus, Typha, Equisetum limosum u. a.); dann einen rasch abfallenden Scharberg und zwischen Schar und offener Seefläche einen oft recht breiten Randstreifen von Pflanzen mit Schwimmblättern (Nymphaea, Nuphar, Stratiotes, Potamogeton u. a.), denen sich zusammenhängende Rasen untergetauchter (wurzelnder oder nicht wurzelnder) Pflanzen (Myriophyllum, Ceratophyllum, Elodea, Lemna trisulca, Characeen u. a.) anschliessen. Das Leben dieser grösseren Wasserpflanzen endet meist bei 5 bis 7 m Tiefe. In den grösseren Tiefen finden sich noch Bakterien und Wasserpilze (z. B. die Schwefel abscheidende Beggiatoa), sowie eine Anzahl Tierarten, unter welchen Würmer und Larven von Chironomus wohl die zahlreichsten Individuen stellen.

Schwach salziges Wasser führen zwei Seen bei Halle in der Provinz Sachsen, sowie infolge periodischer Meereszuflüsse das Frische, Kurische und Stettiner Haff und andere Strandseen.

Die übrigen Seen Preussens sind Süsswasserseen, wenngleich vereinzelte abflussarme Seen mit Alluvialböden verbunden sind, deren Flora auf einen, freilich ganz geringfügigen, Gehalt an Chlorsalzen hinweist.

Die preussischen Seen haben zumeist Abflüsse zur Ostsee oder Nordsee. Doch fehlt einzelnen Seen, insbesondere in den Provinzen Ostpreussen, Westpreussen und Pommern, ein oberirdischer Abfluss; dieser wird jedoch in vielen Fällen durch einen unterirdischen Abfluss ersetzt, da die meisten Seen mit dem unterirdischen Grundwasserspiegel zusammenhängen.

So wirken Preussens Seen wohltätig regelnd nicht nur auf die Flüsse und Ströme, sondern auch auf das zu letzteren langsam abfliessende Grundwasser, und dadurch mittelbar auf die Bodenfeuchtigkeit und Fruchtbarkeit, wie auf die Brunnenanlagen ihrer weiteren Umgebung.

Die Ränder der Seen bestehen meist aus glazialen, fluvioglazialen und jungalluvialen Ablagerungen, an vereinzelten Stellen aus Flugsand (Dünen), ihre unmittelbare Umgebung aus Torf, Sand oder Lehm, wie dies die geologische Karte im einzelnen zeigt. Die Absätze der Seen bestehen vorwiegend aus Sand, Torf oder Faulschlamm. Letzterer ist fast immer kalkhaltig, häufig kalkreich. Wo der Fäulnisprozess hinreichend weit vorgeschritten ist, findet man deshalb im Untergrunde oft ein fast reines Kalkkarbonat, welches als „Wiesenkalk" den Untergrund von Tausenden von Torfmooren bildet, welche aus der Verlandung von kleineren Seen oder von ruhigen Buchten grösserer Seen hervorgegangen sind.

So unterscheiden sich die Süsswasserseen Preussens in solche mit kalkreichem Wasser, in solche mit torfigem, an Humusstoffen reichem Wasser und in solche mit an beiden Stoffen armem, vorwiegend aus Regengüssen gesammeltem Wasser. In einzelnen Seen finden auch Ausscheidungen von Eisenverbindungen (Eisenocker und Schwefeleisen) statt. Letzteres findet sich sowohl in ganz flachen, versumpfenden Seen, wie auch in der Tiefenregion einzelner grösserer Seen.

Nirgends zeigt das Wasser das tiefe Blau mancher südlichen Seen, sondern überall eine aus Grün und Braun gemischte Farbe. Die Durchsichtigkeit ist gering, so dass die weisse Scheibe (wenigstens im Sommer) oft schon bei 1 oder 2 m Tiefe, seltener bei 3 m Tiefe verschwindet. Dieser geringe Durchsichtigkeitsgrad der preussischen Seen rührt zu einem grossen Teile von dem meistens reich entwickelten Phyto- und Zoo-Plankton her.

In Bezug auf Grösse, Tiefe und Gestalt, Untergrund, Wasserbeschaffenheit, Fauna und Flora sind so zahlreiche verschiedene Kombinationen möglich und vorhanden, dass die preussischen Seen eine ungemein grosse Mannigfaltigkeit aufweisen und fast individuell verschieden sind, wie auch deren Fischereiverhältnisse sich sehr verschieden gestalten. Vielfach wird es möglich sein, aus dem Studium der geologischen Karte ihrer Umgebung in Verbindung mit den Tiefenangaben ein Bild ihres individuellen Wesens abzuleiten, welch letzteres stets auch durch die geologische, meteorologische und wirtschaftliche Geschichte des Sees mit beeinflusst wird.

Die ausgestellten Karten sollen lediglich einzelne Beispiele preussischer, insbesondere märkischer Seen vor Augen führen.

Die Karte 1 zeigt die Umgebung von Potsdam, der Residenz der preussischen Könige, in 1 : 25 000. Sie ist ausgezeichnet durch eine Gruppe von Seen, welche als Reste einstiger, mehrere Meter höher stehender und wesentlich grösserer Seen zu erachten sind. Die auf der geologischen Karte mit grüner Farbe bezeichneten „Talsand-Stufen" gewähren ein anschauliches Bild der früheren prähistorischen Zustände. Gegenwärtig sind die Seen, von Dörfern, Schlössern, Villen und Wäldern umgeben, in die ältere Stufe eingesenkt; sie werden von Dampfern und vielen Lastkähnen befahren und bilden eine abwechselungsreiche Stätte für Wassersport.

Die Nebenkarte in der Ecke rechts unten zeigt in 1 : 100 000 die weitere Umgebung Berlins mit der Lage der Seen zueinander und zu den grossen Zügen des geologischen Baus. Die Nebenkarte links oben zeigt als Beispiel einen der Seen, den Tegeler See, in 1 : 10 000.

Karte 2 bringt die Gegend südöstlich von Berlin, die gleich der vorigen durch die geologische Karte in 1 : 25 000 dargestellt wird; sie zeigt die in gleicher Weise für Schiffahrt und Wassersport bedeutsamen Seen an den beiden Wasserstrassen der Spree und der Dahme. Die geologische Geschichte und Beschaffenheit dieser Seen geht Hand in Hand mit derjenigen der Havelseen bei Potsdam.

Karte 3 zeigt die Umgebung des Malchow- und Bütz-Sees an der Ruppiner Wasserstrasse in der Provinz Brandenburg mit Tiefenlinien in 1 : 25 000.

Karte 4 bringt die Seen bei Lychen in der Uckermark mit Tiefenlinien in 1 : 25 000 zur Anschauung.

Karte 5 zeigt die Seen bei Lychen in der Uckermark in 1 : 25 000 und die Seen bei Plön in der Provinz Schleswig-Holstein in 1 : 100 000 mit Tiefenstufen.

Karte 6 veranschaulicht die Umgebungen des Mauersees und der benachbarten grossen Seen der Provinz Ostpreussen in 1 : 100 000 mit Tiefenstufen.

Karte 7 stellt eine geologische Übersichtskarte des Mauersee-Gebietes in Ostpreussen in 1 : 100 000 mit Tiefenlinien und Darstellung zweier Terrassen, welche früheren höheren Wasserständen des Seespiegels entsprechen, dar.

(Eine Beschreibung der ausgestellten Karten wird im Bureau der Deutschen Binnenfischerei-Abteilung auf Nachfrage an Interessenten unentgeltlich abgegeben.)

Königliche Landwirtschaftliche Hochschule,

Tierphysiologisches Institut, *Berlin N. 4, Invalidenstrasse 42.*

Mitarbeiter: Geheimer Regierungsrat Professor Dr. Zuntz, Dr. W. Cronheim, beide zu Berlin N. 4, Invalidenstrasse 42.

Zeichnung eines Respirationsapparates zur Messung der Atmung von Wassertieren. Die genauere Beschreibung des Apparates befindet sich im Archiv für (Anatomie und) Physiologie, 1901, Seite 543.

Kurventafel, darstellend das Wachsen aller Stoffwechselfaktoren mit der Temperatur auf Grund zahlreicher Versuche an Trachenberger Galiziern in nüchternem Zustande. Für jeden Versuch ist Sauerstoffaufnahme, Kohlensäureausscheidung, Stickstoffausscheidung durch Harn und Kot, sowie die Wärmeproduktion durch einen Punkt in der betreffenden Farbe markiert. Die Lage dieses Punktes zur Grundlinie (seine Abscisse) lässt die Temperatur, die Höhe über der Grundlinie (die Ordinate) die zahlenmässige Grösse des ausgedrückten Stoffwechselfaktors in Litern bezw. Milligramm bezw. Wärmeeinheiten für ein Kilogramm und 24 Stunden erkennen. Die Mittelwerte der Sommerversuche sind durch die ausgezogenen Linien verbunden.

Kurventafel, darstellend, wie sich der Stoffwechsel von 1 kg Fisch bei gleicher Temperatur nach der Körpergrösse verändert. Er ist um so grösser, je kleiner die Tiere sind. Die in Kreuzform markierten Winterversuche zeigen, dass in dieser Jahreszeit, unabhängig von der normalen herrschenden Temperatur, der Stoffwechsel niedriger ist als im Sommer.

Kurventafel, darstellend ein wichtiges Ergebnis der im Sommer 1901 ausgeführten und von Giesecke und Knauthe beschriebenen **Teichversuche in Hellendorf** (Hannover). Die unteren Säulen lassen erkennen, wieviel Fleisch und wieviel Fett die Besatzfische auf 1 kg Körpersubstanz enthielten, die oberen zeigen den im Laufe des Sommers bei den verschiedenen zur Anwendung gekommenen Nährstoffverhältnissen erzielten Zuwachs an Körpermasse, an Fleisch und an Fett.

Kurventafel, darstellend die Ergebnisse der Karpfenfütterungsversuche in den Teichen zu Hellendorf (Hannover), **1902.**

Für jeden der sechs Teiche geben 5 bezw. 4 Säulen in gelber Farbe das Gewicht des in jedem Monate verabreichten Futters, die folgende Säule das Gewicht dieses Futters für den ganzen Sommer und des darin enthaltenen Stickstoffs auf Fleisch umgerechnet (blau), der stickstofffreien Stoffe auf Fett berechnet (rot) und der Mineralstoffe (schwarz).

Es folgen drei Säulen in schattiertem Felde, welche ausdrücken:

1. Das Gewicht des Einsatzes schraffiert, darüber das des Zuwachses hell (unten zweisömmerige, oben einsömmerige).

2. Die drei Bestandteile (Fleisch, Fett und Mineralstoffe) in denselben Farben wie beim Futter.

3. Die drei Bestandteile des essbaren Anteils in denselben Farben.

Kurventafel, darstellend das Plankton der Hellendorfer Versuchsteiche und seine Beziehung zur Jahreszeit und Wassertemperatur, Sommer 1902.

1. Schwarze Kurve: Wassertemperatur im Tagesmittel.

2. Schwarzrot: Volumen des abgetöteten Planktons in ccm für 0,3 cbm Teichwasser, 1 cm = 0,5 ccm.

3. Braun: Gewicht des trockenen Planktons im ganzen Teich (0,3 ha) (1500 cbm Wasser), 1 cm = 100 g.

4. Blau: Fleischwert aus dem Stickstoffgehalt des Planktons berechnet, 1 cm = 500 g Fleisch im ganzen Teich.

5. Rot: Fettgehalt des Planktons im ganzen Teich, 1 cm = 10 g Fett.

Sammlung von Fischfuttermitteln in Präparatengläsern, zum Teil mit eigenen Analysen.

Für die Ernährung und das Gedeihen von Fischen sind dieselben Stoffe notwendig wie bei den Warmblütern, nämlich Eiweiss, Kohlehydrate, Fett und Mineralstoffe. Wasser ist ja stets im Überfluss vorhanden. Bei der Fütterung müssen also die genannten Stoffe zugeführt werden.

Von den beiden Fischarten, die für die künstliche Fütterung hauptsächlich in Betracht kommen, beanspruchen die Forellen gemäss ihrem Charakter als Raubfische mehr Eiweissstoffe, Karpfen hingegen begnügen sich mit einer geringen Eiweissmenge und decken ihren Nährstoffbedarf zum grösseren Teil durch Kohlehydrate und Fett. Trotz dieses im allgemeinen feststehenden Grundzuges der Ernährung kann man bis zu einem gewissen Grade die eine Art von organischen Nährstoffen durch andere ersetzen.

Eine gute Beschaffenheit der Futtermittel ist das wesentliche. Fische sind verdorbenen Futtermitteln gegenüber genau so empfindlich wie Warmblüter; der Karpfen, „das Schwein unter den Fischen", ist ein ausgesprochenes Leckermaul.

Die ausgestellte Sammlung enthält eine Reihe der wichtigsten in Betracht kommenden animalischen und vegetabilischen Stoffe, ohne Anspruch auf Vollständigkeit zu erheben. Ebenso kann keine Rede davon sein, dass etwa nur diese Stoffe und keine anderen sich gut zum Verfüttern eigneten. Es wollen da lokale Verhältnisse wohl berücksichtigt sein, vor allem auch der Kostenpunkt.

Im allgemeinen brauchen Jungfische eine eiweiss- und mineralstoffreichere Kost. Doch kann man von dem als zweckmässig gefundenen Nährstoffverhältnis bei Jungfischen sowohl wie besonders auch bei älteren Tieren dort abweichen, wo gute und preiswerte Futterstoffe zur Verfügung stehen, eben im Hinblick darauf, dass die organischen Nährstoffe zum Teil einander ersetzen können.

Königliches Museum für Völkerkunde, Vorgeschichtliche Abteilung, *Berlin SW. 11, Königgrätzerstrasse 120.*

Mitarbeiter: Geheimer Regierungsrat Dr. Voss, Kgl. Konservator E. Krause, beide zu Berlin SW. 11, Königgrätzerstr. 120.

(Siehe auch S. 31 und 136.)

Veröffentlichungen über vorgeschichtliche und spätere einfache Wasserfahrzeuge.

1. A. Götze. Einbaum aus der Oder bei Pollenzig, Kr. Krossen. Nachrichten über deutsche Altertumsfunde 1899, S. 32.

2. A. Voss. Zu den Schiffsfunden. Nachrichten über deutsche Altertumsfunde 1899, S. 45.
3. A. Voss. In: Korrespondenz-Blatt der Deutschen Anthropologischen Gesellschaft 1900, Nr. 11 und 12. Fragebogen zur Ermittelung und Beschreibung der noch im Gebrauch befindlichen und ehemals gebräuchlichen Schiffsfahrzeuge einfachster Bauart und Einrichtung.
4. A. Voss. Ebenda 1902, Nr. 5. Zur Forschung über alte Schiffstypen auf den Binnengewässern und an den Küsten Deutschlands und der angrenzenden Länder.
  A: Die Schweiz. Bearbeitet von K. Brunner.
5. Korrespondenz-Blatt der Deutschen Anthropologischen Gesellschaft 1903, Nr. 1 und 2.
  B: Das Donaugebiet. Bearbeitet von K. Brunner.
6. Korrespondenz-Blatt der Deutschen Anthropologischen Gesellschaft 1904, Nr. 4 und 5.
  C: P. Traeger, Schiffsfahrzeuge in Albanien und Macedonien.

(Über Einbaumkähne und andere einfache Wasserfahrzeuge siehe Eduard Krause. Vorgeschichtliche Fischerei-Geräte und neuere Vergleichsstücke. Berlin 1904, S. 3 bis 21 und Abb. 1 bis 18).

Königlich Sächsische Forstakademie, Zoologisches Institut, Tharandt bei Dresden.

Bildliche Darstellung der Einrichtungen, die bei den Lehrkursen über Fischzucht usw. an der Königlichen Forstakademie Tharandt zur Verwendung kommen.

Seit dem Jahre 1878 sind von den Königlich Sächsischen Ministerien des Innern und der Finanzen Lehrkurse über Fischzucht bei der Königlichen Forstakademie Tharandt eingerichtet worden. Von dem jeweiligen Professor der Zoologie (bis 1901 Geheimer Hofrat Dr. Nitsche, dann Dr. Jacobi) abgehalten, sind die Vorträge jedermann unentgeltlich zugänglich. Während bisher das Hauptgewicht auf künstliche Fischzucht (Forellenzucht) gelegt war, ist neuerdings die Teichwirtschaft mit Karpfenzucht in den Vordergrund gestellt worden, und zwar wird der Vortragsstoff auf zwei Jahre verteilt. Jeder Jahreskursus umfasst 5 bis 6 Tage, an denen Vorlesungen, praktische Übungen in Planktonkunde, Erkennung von Krankheiten usw. im Hörsaal und im Freien, sowie Besichtigungen von Brutanstalten und Teichwirtschaften stattfinden.

Die Abbildungen geben die Ausstattung des Hörsaals mit Lehrmitteln, Modellen und Tafeln wieder, welch letztere in sehr reicher Auswahl vorhanden sind und ständig vermehrt werden, ferner die Vorführungen im Abstreichen von Salmoniden, wie sio in der bei Tharandt gelegenen Fischzuchtanstalt von R. Linke stattfinden.

Josef Kraatz, Fischermeister, *Angermünde*.
(Siehe auch S. 35.)

Modell einer modernen Zanderlaichstelle nach Kraatz. Zanderlaichstellen werden am besten aus Wacholderzweigen erbaut und dienen zur besseren und schnelleren Vermehrung und Einbürgerung des Zanders in Binnengewässern. Diese Laichstelle wird der Fischerei nie hinderlich, da jederzeit ihr Standort gewechselt werden kann, was bei anderen Systemen nicht der Fall ist. Dieser Umstand erleichtert auch wesentlich das Auffinden der ausserordentlich schwer festzustellenden Zanderlaichplätze. Zur Überführung des Laichs in andere Gewässer eignet sio sich ganz besonders gut, da man unter Umständen eine ganze Laichstelle versenden oder überführen kann.

Bruno Krafft, Gürtler und Galvaniseur,
Berlin O. 34, Posenerstrasse 16.

Präparate von Fischfeinden:
1. **Haubensteissfuss**, 2. **Säger**, 3. **Stockente**, 4. **Krickente**, 5. **Schwalbenmöve**, 6. **Sonderling**, 7. **Zwei kleine Enten**, 8. **Sumpfhuhn**, 9. **Wasserralle**, 10. **Rohrdommel**, 11. **Blässhuhn**, 12. **Fischreiher**, 13. **Möve**, 14. **Eisvogel**, 15. **Wasserratte**, 16. **Sammlung und bildliche Darstellung schädlicher Wasserkäfer**. (Vgl. S. 63 ff.)

Eduard Krause, Konservator am Königlichen Museum für Völkerkunde, *Berlin SW. 11, Königgrätzerstrasse 120.*
(Siehe auch S. 35, 42 und 136.)

„**Der goldene Fisch von Vettersfelde.**" Kampfschild-Zierrat aus Gold in Gestalt eines reich verzierten Fisches (Karpfens?) aus dem 6. Jahrhundert v. Chr.

Diese Schildzier gehört zu einem grösseren Goldfunde, welcher im Jahre 1881 auf der Feldmark und 1 km nordwestlich vom Dorfe Vettersfelde bei Guben zu Tage kam. Die ersten Stücke warf der Pflug aus, als der Besitzer des Ackers eine „Wasserfahre", das ist eine tiefere und breitere Furche zur Ableitung des Regenwassers, anlegte. Es wurden bei weiteren Nachsuchungen nach und nach gefunden:

1. Der goldene Fisch. Reich verziertes Schildzeichen,
2. eine grosse Zierplatte aus vier Kreisscheiben; in gleicher Weise wie der Fisch verziert,
3. ein Schwertscheiden-Beschlag; ebenfalls reich verziert,
4. ein goldener Hängezierat,
5. ein goldenes Ohrgehänge,
6. ein goldener Armring,
7. eine goldene Kette,
8. eine goldene Dolchscheide,
9. ein eiserner, durch Verrostung entstellter Dolch (wahrscheinlich zu Nr. 8 gehörend),
10. ein massiver, goldener Halsring,
11. der Rest eines eisernen Schwertes, daran der mit Goldblech belegte Griff, welcher genau zu Nr. 3 passt,
12. ein Steinbeil in Goldfassung,
13. ein zylindrischer Schleifstein, in Gold gefasst,
14. ein kleiner Zylinder (Stockzwinge?) aus Goldblech,
15. ein Stück Goldblech,
16. ein Bronzeblech, Ende eines Futterales.

Einige andere Stücke sollen von Unberechtigten gefunden und verzettelt sein.

Die Originalstücke befinden sich jetzt im Antiquarium der Königlichen Museen zu Berlin, am Lustgarten. Die hier ausgestellte Nachbildung ist in voller Treue, ebenso wie die Nachbildungen sämtlicher anderen Teile des Fundes, sowie viele andere hervorragende Altertümer von dem Hofgoldschmied Paul Telge in Berlin C., Holzgartenstr. 8, hergestellt.

Die Fundstelle ist nach den Untersuchungen des Ausstellers der Ort einer alten Ansiedelung, in der durch seine Nachgrabungen nicht nur eine vollständige Kochgrube mit Herdpflaster und Branderde, sondern auch noch besonders an der Fundstelle der Goldsachen gebrannter Lehmputz von Hütten-Rohrwänden, sowie vorgeschichtliche „altgermanische" Tonscherben gefunden wurden, unter letzteren ein Bodenstück eines grösseren, dickwandigen Gefässes, welches zu den Topfscherben gehörte, die mit mehreren der Goldfundstücke zusammenlagen. Danach ist anzunehmen, dass die Ansiedelung durch Brand zu Grunde ging, und zwar, da man diese kostbaren Schätze darin fand, wohl infolge feindlichen Angriffs, bei dem der Besitzer des Schatzes ums Leben kam, während der Feind das Versteck des Goldschatzes nicht kannte. Der Brand muss ein sehr heftiger gewesen sein, denn sowohl der Fisch, wie einige andere Fundstücke zeigen starke Abschmelzungen und andere starke Spuren der Hitzewirkung, obgleich sie im Lehme, der an der Stelle der Ansiedelung unter dem Sande ansteht, welcher sonst das ganze Feld bildet, gefunden wurden.

Näheres über den „Goldfund von Vettersfelde" siehe bei A. Bastian, H. Jentsch und Ed. Krause in: Zeitschrift für Ethnologie 1883, S. 129, 286, 487, und A. Furtwängler im 23. Programm zu Winkelmannfeste, Berlin 1883.

Aktien-Gesellschaft A. Lehnigk,
landwirtschaftliche Maschinen- und Pflug-Bauanstalt,
Vetschau (N.-L.), Zentralbureau: *Berlin SW. 48, Friedrichstr. 23.*

Modell einer Schilf- und Wasser-Wucherpflanzen-Mähmaschine mit neuer geschützter Zahnstangenführung zur Stellung der Messer.

Diese Mähmaschine dient zum Abmähen des Schilfes und der Wasserwucherpflanzen. Sie mäht bis etwa 2 m Tiefe. Vor der Erfindung der Maschine konnten Schilf- und Wucherpflanzen in Gewässern nur in der warmen Sommerzeit ausgemäht werden, und zwar mit der Sense, indem die Arbeiter öfters bis an den Hals im Wasser standen, wodurch sie sich viele Erkältungen und so manche Krankheiten geholt haben. Besonders vorteilhaft hat sich die Schilfmähmaschine für Fischteiche erwiesen; die Wasserpflanzen werden in den Teichen kurz gehalten, und das Wasser erwärmt sich schneller, was für das Wachstum und die Fortpflanzung der Fische von grossem Vorteil ist. Ferner gewährt die Schilfmähmaschine auch für die Wasserjagd insofern Vorteil, als man mit ihr Wasserstrassen im Röhricht einschneiden kann.

Die Maschine ist zum Aufsetzen auf einen Kahn gebaut und wird durch zwei Mann bedient. Ein Mann setzt den Kahn mittelst Ruder in Bewegung, ein zweiter die Messerstange durch Drehen am Schwungrade. Die Messer kann man während des Betriebes durch ein Handrad, welches an der Aussenseite angebracht ist, hoch oder tief stellen. Die rotierenden Teile sind durch Umhüllungen vor dem Wickeln der Wasserpflanzen geschützt. Über den Rädern befindet sich eine Schutzhaube für die Bedienungsmannschaften. Die Konstruktion der Maschine ist einfach, die Handhabung für den Arbeiter leicht verständlich. Die Maschine leistet dasselbe, was sonst fünf

Mann mit der Sense fertig stellten. Jeder Maschine wird eine Messerstange mit glatten und eine solche mit gerippten Messern beigegeben.

Rudolf Linke, Forellenzüchterei, *Tharandt bei Dresden*.
(Siehe auch S. 137.)

Tafel mit 17 Photographien der Tharandter Forellenzüchterei.

Die Photographien zeigen Gesamtansichten der Tharandter Fischzuchtanstalt, einzelne Teile derselben, die daselbst gebräuchlichen Brutapparate, Fütterungsvorrichtungen usw. Alle diese Hilfsmittel sind eigenes bewährtes System, hervorgegangen und fortwährend verbessert in langjähriger Praxis.

Zur näheren Erläuterung sei erwähnt, dass die seit 20 Jahren bestehende Anstalt mit sehr günstigen Wasserverhältnissen ausgestattet ist. Sie verfügt über normal 1000 l in der Sekunde; die Photographien veranschaulichen die Ausnützung dieser reichlichen Menge. Besonders das Bruthaus ist mit hervorragend gutem, sauerstoffreichem Wasser aus einem vorbeifliessenden Waldbache versehen.

Zur Anstalt gehören 21 Teiche, die intensiv bewirtschaftet werden. Ausserdem sorgen über 100 im Erzgebirge zerstreut liegende Teiche, darunter solche von sehr grossen Abmessungen, für natürlich ernährte Wildfische, welche die benötigte Menge von Eiern liefern.

Dr. phil. Otto von Linstow, Königlicher Bezirksgeologe, *Berlin N. 4, Invalidenstrasse 44.*

Karte, darstellend die frühere Verbreitung des Bibers (Castor fiber) in Mitteleuropa. Die Karte gibt einen Überblick über den in Mitteleuropa früher ausserordentlich verbreitet gewesenen Biber. Es sind lediglich solche Orts- und Flussnamen eingetragen, an denen sich diluviale oder alluviale Reste dieses Nagers haben nachweisen lassen, sämtliche sehr zahlreiche Namen von Ortschaften, Bächen usw., die auf die frühere Anwesenheit des Bibers zurückgeführt werden, sind fortgelassen. Die Karte dient als Vorarbeit für eine ausführlichere Abhandlung: „Die Verbreitung des Bibers im Quartär", in der auch die hier nicht zur Darstellung gebrachten Fundpunkte in den übrigen Ländern berücksichtigt werden sollen.

In Deutschland ist der Biber heute noch an der Elbe, etwa in der Gegend zwischen Wittenberg und Magdeburg, in einer ganzen Anzahl von Exemplaren verbreitet.

Aussteller erlaubt sich die dringendste wie ergebenste Bitte auszusprechen, ihn durch Mitteilung über das frühere

Vorkommen des Bibers zu unterstützen; jede, auch die geringste Notiz über Biberfunde oder Literaturnachweise werden stets mit grösstem Danke entgegengenommen.

Lothringer und Elsässer Fischerei-Verein,
Metz und *Strassburg (Elsass)*.

Mitarbeiter: Kaiserlicher Baurat Albert Doell, Metz; Präsident des Elsässer Fischerei-Vereins Leo Stromeyer, Strassburg (Elsass).

Fischereikarte von Lothringen, enthaltend
1. Bezeichnung der Cyprinidengewässer.
2. Bezeichnung der Salmonidengewässer.
3. Temperaturkurven für die Jahre 1900, 1901 und 1902 zur Auskunft über das Wachstum der Fische.
4. Graphische Darstellung der Mengen der verschiedenen Fischarten in der Mosel.

Karte der grössten Weiher in Lothringen.

Vereinsschriften:
1. Verzeichnis der Karpfen- und Forellenweiher in Lothringen.
2. Druckschrift, betreffend die Verunreinigung der Gewässer in Elsass-Lothringen.
3. Festschriften, Jahresberichte und Satzungen.

Professor Dr. Marsson, *Berlin W. 30, Neue Winterfeldtstr. 20.*

Planktonnetz aus Seidengaze, einfachste Konstruktion, für wissenschaftliche Untersuchungen, als Wurfnetz zu verwenden.

Planktonnetz, ebenso, jedoch mit Vorrichtung zur Befestigung an Stöcken, Schirmen und dergleichen zur Untersuchung des Uferplanktons usw.

Netz für die Zwecke der Teichwirtschaft zur Feststellung des Nahrungswertes eines Gewässers, nicht bloss zur Entnahme von Plankton, sondern auch zur Untersuchung der Uferfauna, sowie der des Grundes und des Schlammes, hergerichtet nach Angaben von Prof. Marsson und Dr. Emil Walter.

Besteck mit den für teichwirtschaftliche Untersuchungen nötigen Gerätschaften.

Planktonsucher und **Algensucher** für schnelle mikroskopische Beobachtungen an der Entnahmestelle, verfertigt von Paul Altmann.

Berlin NW. 6, Luisenstr. 47, in dessen Werkstätte auch die übrigen oben genannten Gerätschaften hergestellt sind.

Plankton aus dem Neuen See im Berliner Tiergarten; 12 konservierte Proben, entnommen in Reihenfolge vom Januar bis zum Dezember, und zwar filtriert aus je 100 l Wasser mit oben erwähntem Planktonnetz; Verzeichnis der einzelnen Organismen sowie Vertreter der Mikroflora und Mikrofauna, systematisch geordnet, sind beigegeben (Separatabdruck aus den Forschungsberichten der biologischen Station zu Plön. VIII).

Plankton aus verschiedenen Teilen Norddeutschlands, entnommen zu verschiedenen Jahreszeiten, 10 konservierte Proben:

1. Cyclops-Plankton; Teich bei Berlin, Januar.
2. Bosminen-Plankton; Halensee bei Berlin, Dezember.
3. Dorfteichplankton mit Daphnien und Euglenen (auch viel Lepocinclis); Sammenthin bei Arnswalde, Juni.
4. Peridineen-Plankton; Hundekehlensee im Grunewald bei Berlin, Januar.
5. Schleimiges Asterionella-Plankton; Berliner Tiergartengewässer, Juni.
6. Melosiren-Plankton; Müggelsee bei Berlin, Mai.
7. Wasserblüteplankton, Polycystis; Grunewaldsee, Mai.
8. Gleichfalls, Gloeotrichia; Grosser Plöner See, Juli.
9. Gleichfalls, Aphanizomenon; Fischteich P in Berneuchen (von dem Bornesche Fischzuchtanstalt), September.
10. Rhein-Plankton bei Koblenz mit mineralischem Detritus und viel Calciumkarbonat (also mit grossem Säurebindungsvermögen); Februar.

Algenexsikkate aus Fischteichen, Aquarien, Abwässern usw.:

1. Das Wassernetz, Hydrodictyon reticulatum, in ziemlich reinem Wasser auftretend (aus einer Wasseransammlung im Leipziger Rosental).
2. Cladophora insignis forma tenuior; in Aquarien häufig; in dem Gewirr der sehr widerstandsfähigen Fäden gehen kleine Fische, besonders die stacheligen Stichlinge, zuweilen zu Grunde.
3. Cladophora gossypina var. longiarticulata, nicht selten in Fischteichen; in ihrem Gewirr findet sich meist eine reiche gröbere Fauna als Nahrung für die Fische; neben anderen Cladophora-Arten bildet sie nach Austrocknung der Ufer das sog. Meteorpapier.

4. Enteromorpha intestinalis aus dem salzigen See bei Oberröbling, hier zentnerweise angehäuft im Juli; diese Alge bevorzugt salziges Wasser.
5. Conferva bombycina var. minor; häufig in Fischteichen, auch in den Drainwassergräben der Rieselfelder; sie bildet mehr hellgrüne, schleimige Massen.
6. Conferva ochracea, zusammen mit Conferva tenerrima; eisenspeichernde Alge; bildet sich häufig auf Wiesen mit eisenhaltigen Zuflüssen.
7. Zygnema insigne, häufig in Gräben und in kleineren Fischteichen; geht nach der Befruchtung schnell in Zersetzung über.
8. Chlorochytrium lemnae, im Parenchym von Lemna trisulca, auf dieser Phyllactidium pulchellum; recht häufig auf Fischteichen.
9. Phormidium uncinatum, als stahlblaues Lager am Grunde von Aquarien, hier stärkere Verunreinigungen anzeigend.
10. Phormidium autumnale mit Phormidium uncinatum als sammetschwarze Überzüge in den Rinnen von Jauche, so aus Viehställen und im Sielwasser der Rieselfelder.

Mikroskopische Dauerpräparate:
1. Volvox-Plankton aus dem Teich bei Bad Sachsa im Harz, September.
2. Gloeotrichia-Plankton aus dem Grossen Plöner See, Ende Juli.
3. Diatomazeen-Plankton aus dem Luganersee, März.
4. Bythotrephes longimanus, Grosser Plöner See.
5. Leptodora hyalina, Wuckensee bei Berlinchen, September.
6. Branchipus stagnalis, Tümpel bei Leipzig.
7. Junge Culex-Larven, Tümpel bei Berlin.
8. Statoblasten von Lophopus, Pleisse, Juni.
9. Saugkrallen der Larve von Dytiscus marginalis.
10. Zunge von Planorbis corneus.

Oskar Micha, Königlicher Hoflieferant,
Berlin O. 17, Mühlenstrasse 72a.

Glasschrank, enthaltend 23 Gläser mit Präparaten von Krebsen.
a) Europäische Süsswasserkrebse:
Glas 1: Astacus fluviatilis, 4 grösste Exemplare (Österreich).
„ 2: „ leptodactylus, 1 Exemplar (Russland).
„ 3: „ saxatilis, 2 Exemplare (England).
„ 4: „ torrentium, 2 Exemplare (Italien).
„ 5: „ Kessleri, 2 Exemplare (Russland).

Glas 6: Astacus colchicus, 2 Exemplare (Russland).
„ 7: „ pachypus, 2 Exemplare (Russland).
„ 8: Cambaroides dauricus, 2 Exemplare (Russland).

b) Wachstum der Krebse:

Glas 9: Die Entwickelung des Flusskrebses.
„ 10: Weibchen von Leptodactylus mit Eiern und Jungen.
„ 11: Häutungspräparate.
„ 12: desgl.
„ 13: desgl.

Die zuletzt genannten drei Gläser stellen links den Krebs mit neuer, vorerst weicher Schale, rechts die von demselben Krebs soeber abgestreifte alte Schale dar.

c) Krankheiten des Krebses:

Glas 14: Äussere Merkmale der Krebspest.
„ 15: Kolonien von Aphanomyces (Schikora).
„ 16: Fleckenkrankheit (Happich).

d) Missbildungen:

Glas 17: Zwitter.
„ 18: Ergänzung eines Fusses.
„ 19 bis 23: Abnorme Krebsscheren.

Die Missbildungen bei den Krebsscheren entstehen, ähnlich wie die abnormen Geweihe bei Hirschen und monströsen Gehörne bei Rehböcken in der Zeit der jährlichen Neubildung, durch äussere oder innere Einwirkung.

Oberpfälzischer Kreis-Fischerei-Verein, Regensburg.

Mitarbeiter: Königl. Forstrat J. Hörmann, Regensburg.

Übersichtskarte der sämtlichen Gewässer der Oberpfalz (1906).

Vereinsschrift:

Beschreibung der Fischerei in der Oberpfalz nebst einer Übersichtskarte über das Wassergebiet der Oberpfalz und 48 Abbildungen (1893).

Pfälzischer Kreisfischerei-Verein, Speyer.

Mitarbeiter: Ökonomierat Ch. Hauter,
Forstbuchhaltungsoffiziant Johann Lämmel, beide in Speyer.

Fischwasserkarte der Pfalz. Die Erklärung der Farben und Zeichen ist auf der Karte angebracht. Die Gewässer sind der Hauptsache nach eingeteilt in solche der Forellenregion, der Äschenregion, der Barben- und der Bleiregion, ferner in solche, welche in der Hauptsache nur wertlose Fische oder, wie die in den Rhein einmündenden Bäche, nur zu Zeiten Speisefische in ihrem Unterlauf enthalten.

Vereinsschriften:
Fischwasserstatistik der Pfalz.

Jahresberichte des Pfälzischen Kreisfischerei-Vereins für die Jahre 1896 bis 1903 (mit Ausnahme des nicht mehr vorhandenen Berichts für 1897).

Pommerscher Fischerei-Verein, *Köslin.*

Mitarbeiter: Regierungspräsident Graf von Schwerin, Köslin, Zivilingenieur Gaedtke, Pyritz.

Zeichnung der Fischbrutanstalt in Papiermühle b. Schivelbein.
Zeichnung der Brutanstalt des Zivilingenieurs Gaedtke in Pyritz.

Vereinsschriften:
Ein Band Rundschreiben des Pommerschen Fischerei-Vereins.

Fischerei-Verein für die Provinz Posen, *Bromberg.*

Mitarbeiter: Regierungsrat Ehrhardt, Bromberg; Rektor a. D. Grotrian, Posen, und Ober-Regierungsrat Alfred Meyer, Frankfurt a. O.

Fischbandmass mit korrespondierender Metereinteilung.
Fischereikarte der Provinz Posen.
Bestimmungstabelle für Lachs, Meerforelle und Bachforelle.
Lachskontrollbuch.

Vereinsschriften:
Handbuch für Fischer und Fischerei-Aufsichtsbeamte (2. Auflage).
Sammlung der vom Schriftführer des Vereins, Rektor a. D. Grotrian, Posen, zum Teil im Auftrage des Vereins, herausgegebenen Schriften.

L. Recken, Regierungs- und Baurat, *Hannover, Wiesenstr. 22.*

Modell einer automatischen Fischschleuse, gebrauchsfähig aus Blech hergestellt.

Die Fischschleuse besteht aus einer Kammer, deren Abmessungen den jeweiligen örtlichen Verhältnissen anzupassen sind. In der oberen Wand dieser Kammer befindet sich ein Ausschnitt, durch den das Oberwasser mit freiem Überfall in die Kammer fällt. In der unteren Wand der Kammer ist dagegen eine Öffnung angebracht, deren Oberkante in Höhe des niedrigsten Wasserstandes des Unterwassers liegt.

Vor dieser Öffnung ist ein Schütz angebracht, das durch eine selbsttätige Vorrichtung gehoben und gesenkt wird, so dass die Öffnung abwechselnd offen und geschlossen ist. Ist die Öffnung geschlossen, so füllt das durch den Ausschnitt in der oberen Kammerwand herabstürzende Wasser die Kammer. Sobald die Füllung erfolgt ist und damit der Wasserstand in der Kammer die Höhe des Oberwassers erreicht hat, hebt sich selbsttätig ein Schütz, das bisher eine Öffnung in der oberen Kammer, und zwar an deren Boden, verschlossen hatte, so dass es etwaigen in der Kammer befindlichen Fischen ohne jede Anstrengung möglich ist, in das Oberwasser zu gelangen.

Ist dies geschehen, so hebt sich selbsttätig das Schütz der Öffnung in der unteren Kammerwand, und die Wassermenge der Kammer entleert sich mit heftiger Ausströmung und starkem Geräusch in das Unterwasser des Wehres. Dadurch werden die Fische daselbst aufmerksam gemacht. Sobald daher infolge des Sinkens des Wasserspiegels in der Kammer die Strömung in der Öffnung geringer geworden ist, werden die Fische durch die Öffnung in die Kammer schwimmen, zumal sie durch das aus dem Oberwasser in die Kammer herabfallende Wasser, nötigenfalls auch durch eine in der Kammer anzubringende Lampe, angelockt werden.

Eine solche Lampe anzubringen, ist leicht, besonders dann, wenn die Wasserkraft des Wehres zur Gewinnung von elektrischem Licht oder Kraft ausgenutzt wird.

Einige Zeit nach erfolgtem Ausgleich des Wasserspiegels der Kammer mit dem Unterwasserspiegel des Wehres, nachdem also die Fische genug Zeit gehabt haben, in die Kammer zu schlüpfen, schliesst sich plötzlich die untere Öffnung durch Senken des Schützes, die Kammer füllt sich wieder bis zum Oberwasser, in das die Fische dann bequem wieder aus der Kammer entweichen können.

Dies wiederholt sich in bestimmten Zwischenräumen Tag und Nacht, wobei durch entsprechende Einrichtung der selbsttätigen Vorrichtung zum Heben und Senken des Schützes der Öffnung in der unteren Kammerwand diese Zwischenräume beliebig gewählt werden können (etwa je 5 Minuten lang). Die selbsttätigen Vorrichtungen zum Heben und Senken der beiden Schütze in der oberen und unteren Kammerwand können verschieden eingerichtet werden. Man muss sich dabei den örtlichen Verhältnissen anpassen.

A. Richter, Gastwirt, *Lehde bei Lübbenau (Spreewald).*
(Siehe auch S. 39.)

Modell eines Fischerhauses aus dem Spreewalde bei Lehde.
Die früheste Beschaffenheit des Spreewaldes — die Fläche zwischen Burg und Lübbenau war ein fast undurchdringlicher Erlen- und Eichenwald — zwang die Bewohner, sich von Jagd und Fischerei zu nähren. Ihre Wohnungen legten sie an den Punkten an, wo sie in ihrem Jäger- und Fischerhandwerk den grössten Erfolg zu verzeichnen hatten. Die alten Fischer und Jäger im Spreewalde waren ihre eigenen Baumeister. Das Baumaterial, welches nur in Holz bestand, holten sie aus dem grossen Walde mit ihren aus mächtigen Einbäumen gefertigten Kähnen selbst herbei; es kostete sie nichts, da der Wald, fast herrenlos, ohne Aufsicht war, aus dem sie so viel Holz holten, als sie brauchten. Mit der Axt zimmerten sie die mächtigen Eichen- und Erlenblöcke vierkantig, die Enden wurden „ausgekämmt", also mit einem Einschnitt versehen. So vorbereitet, wurden die Balken für die Umfassungswände des Hauses derart aufeinander gelegt, dass die Kämme der Balken der einen Wand in die der anderen griffen, ausserdem wurden sie durch hölzerne Nägel verbunden („gediebelt"), die Innenwände wurden ebenso aus schwächeren Balken (Bohlen) errichtet, wohl oft auch nur aus Brettern hergestellt. Das Dach wurde mit Schilf gedeckt. Das Haus hatte nur eine Tür, sie war eine Doppeltür, d. h. sie bestand aus zwei Teilen. Der obere Teil war gewissermassen zugleich das Fenster für den Hausflur. War die Familie zu Hause, so stand die obere Tür auf. Die Wohnungen lagen dicht an den Flussläufen, so dass der Kahn an das Haus geschlossen werden konnte. Vor dem Hause stand am Ufer der Fischkasten. Das Innere der Wohnungen bestand aus vier Räumlichkeiten, dem Hausflur, der Wohnstube, an dieselbe schloss sich ein kleinerer Raum an, die sogenannte „Hölle", die als „Auszugsstube" diente. Neben dem Hausflur lag die schwarze Küche, die zum Räuchern diente und nur einen Feuerherd für den grossen Waschkessel hatte. Die Speisen wurden in der Wohnstube im Kamin gekocht, dort standen die Eisentöpfe inmitten der Holzkohlen; auf dem „Dreifuss" stand der blitzblank gescheuerte Fischkessel, in welchem der schönste Hecht in Spreewaldsauce bereitet wurde. Die Wohnstube bot ein recht interessantes Bild. An der Türwand stand

rechts das offene Spind, in welchem hinter Querhölzern die Teller und Schüsseln prangten, links von der Tür befand sich der Kamin. An der Mittelwand stand der Ofen, umgeben von der steinernen Ofenbank, in deren Nischen die Stiefel und Holzpantoffeln ihren Platz hatten. Neben dem Ofen befand sich die Tür, die zur „Hölle" führte. Neben dieser Tür stand eine Lade. An der Hinterwand hatte das „Himmelbett" seinen Platz, neben ihm standen die „Puie" (Wiege) und der Kleiderschrank. An der Fensterwand zog sich eine Holzbank entlang. Der Tisch stand in der rechten hintersten Ecke. Ausserdem fand man in der Wohnstube noch den Strickstocken für das Fischernetz und das Spinnrad. — Noch heute findet man in Lehde Häuser aus dieser alten Zeit, die aber jetzt etwas gemütlicher und bequemer eingerichtet sind. Im „Fröhlichen Hecht" kann man noch verschiedene Gegenstände aus dieser Zeit in Augenschein nehmen.

Wilhelm Rothe & Comp., Ingenieurbureau und Maschinenfabrik für Abwässer-Kläranlagen und Städtekanalisationen, *Berlin NW. 23, Klopstockstrasse 51.*

Zwei Rahmen mit verschiedenen Photographien von ausgeführten Abwässer-Kläranlagen nach dem Rothe-Röcknerschen und Rothe-Degenerschen Kohlebrei-Verfahren für Abwässer aus Städten, Krankenhäusern, Heilanstalten, Schlachthäusern und Industrien.

Zeichnung einer Kläranlage nach System Rothe-Degener für 1000 cbm Abwässer.

Zeichnung einer Schlamm-Entwässerungs- und Vergasungs-Anlage nach Rothe-Degener.

Schematische Darstellung des Rothe-Degenerschen Kohlebrei-Klärverfahrens.

Das Rothe-Degenersche Klärverfahren bezweckt eine Reinigung der Abwässer aller Art durch Zusatz von fein gemahlenem Kohlebrei oder Moorbrei und nötigenfalls nachfolgendem Zusatz von löslichen Salzen der Schwermetalle. Das nach diesem Verfahren gereinigte Wasser fliesst ganz klar, neutral und geruchlos ab, ist demzufolge für die Fischzucht gänzlich unschädlich. Die Schlammrückstände werden als Brennmaterial oder zur Vergasung benutzt und finden somit nutzenbringende Verwendung, weil der Heizwert der zur Klärung benutzten Kohle, wie auch die aus dem Abwasser niedergeschlagenen Schmutzstoffe wiedergewonnen und wirtschaftlich verwertet werden. Der zum Zwecke der Klärung gemachte Kohlezusatz wird durch die Ausscheidung der Schmutzstoffe aus dem Abwasser bis zur dreifachen Menge vermehrt. Das gewonnene Gas wird zum Betriebe von Gasmotoren, zur Erzeugung von elektrischer Kraft usw. benutzt. Hierdurch werden die Betriebskosten für die Klärung erheblich vermindert. Die Anlagen erfordern wenig Raum und geringe Bedienung und arbeiten unter Luftabschluss, ohne belästigende Gerüche zu verbreiten. Anlagen sind bis zu 18 000 cbm Tagesleistung bereits ausgeführt und für jede Leistungsfähigkeit möglich.

Sächsischer Fischerei-Verein, *Dresden-A, Wiener Platz 1.*

Mitarbeiter: Seine Exzellenz Generalleutnant z. D. von Stieglitz, Vorsitzender des Vereins, Schloss Burkersdorf; Professor Dr. Steglich, stellvertretender Vorsitzender des Vereins, und Oberst a. D. Graf Holtzendorff, Geschäftsleiter des Vereins, letzere Dresden.

Fischwasserkarte des Königreichs Sachsen.
Vereinsschriften:
Sechs Bände Schriften des Sächsischen Fischerei-Vereins, Nr. 1 bis einschliesslich 35.

Schiffs- und Maschinenbau-Aktien-Gesellschaft, *Mannheim.*

Modell des Projektes einer schwimmenden biologischen Station zur Erforschung der Tier- und Pflanzenwelt sowie der Fischerei-Verhältnisse unserer Ströme, nach dem Entwurf von Prof. Dr. Lauterborn, Ludwigshafen a. Rhein.

Friedrich Schikora, Lehrer, *Haynau (Schlesien).*

27 Tafeln mit Aquarell-Zeichnungen über Parasiten des Flusskrebses und den Erreger der Krebspest nach eigenen neuesten Untersuchungen.

Tafel 1. Blutkörperchen des Flusskrebses, amöboid. Abgerundet: Durchm. 30 μ, Vergr. 2000, limaxartig: Vergr. 4500.
„ 2. Diatomeen im Magen des Flusskrebses. Querschnitt durch den Magen eines einsömmerigen Tieres. Vergr. 600.
„ 3. Branchiobdella parasitica Henle. Länge 4 mm, Vergr. 100.
„ 4. Thelohania contejeani Henneguy. Sporoblasten sporenfrei und sporentragend. Sporenlänge 3 bis 5 μ, Vergr. 4000.
„ 5. Psorospermium Haeckeli Hilgendorf. Länge 160 μ, Vergr. 750.
„ 6. Echinorhynchus polymorphus (miliaris v. Baer). Länge 1,4 mm, Vergr. 150.

Tafel 7. Distomum cirrigerum v. Baer. Freies Exemplar. Nach Harz. Länge 1,5 mm, Vergr. 260.
„ 8. Achlya sp. mit ihren Lagerhyphen. Etwas verkürzt. Vergr. 1500.
„ 9. Bindegewebshäute eines Pestkrebses aus dem Nariensee. Eingelagerte Cladothrixzellen.
„ 10. Pestkrebs. Erste Anzeichen der Infektion. Rückenfalte. Vergr. 3.
„ 11. Toter Pestkrebs. Sehr starke Infektion von Aphanomyces astaci n. sp. Der Pilz aus fast allen kalkfreien Häuten ausblühend. Vergr. 3.
„ 12. Aphanomyces astaci n. sp. Aus Auge und Fussgelenk eines toten Pestkrebses ausblühend. Vergr. 40.
„ 13. Kiemenfiederchen vom gesunden Flusskrebse. Vergr. 500.
„ 14. Aphanomyces astaci n. sp. Aus den Kiemenfiederchen eines lebenden Pestkrebses ausblühend. Vergr. 500.
„ 15. Aphanomyces astaci n. sp. Rhizoid-Hyphen in einer Bindegewebshaut des Flusskrebses. Dicke der Hyphen 10 μ, Vergr. 800.
„ 16. Aphanomyces astaci n. sp. Fruchthyphen kurz vor der Sporenbildung. Durchm. 10 μ, Vergr. 2500.
„ 17. Aphanomyces astaci n. sp. und Achlya sp., wie sie ihm meist auf dem toten Flusskrebse im Wachstume folgt, mit Sporen. Achlya etwas verkürzt. Vergr. 1500.
„ 18. Aphanomyces astaci n. sp. Die Stadien der Sporenbildung und schwärmende Sporen. Hyphendicke 10 μ, Sporendurchm. 13 μ, Vergr. 2000.
„ 19. Aphanomyces astaci n. sp. Aus den kleinen Antennen eines Flusskrebses nach dem Tode ausblühend.
„ 20. Aphanomyces astaci n. sp., Hyphen im Zerfall. 1. Hyphe leer, zerstückelt. 2. Plasma fettig entartet. 3. Sporenhäufchen. 4. Hyphe schraubig gedreht. Vergr. 2000.
„ 21. Aphanomyces astaci n. sp. a. Aussen am Fliegenkörper ausgekeimte Sporen. Vergr. 2000. b. Junge Schläuche aus dem Innern der abgestorbenen Fliege, fettig entartet. Vergr. 1300 bis 1500. c. Entartete Spore. Vergr. 1300.
„ 22. Aphanomyces phycophilus de Bary, in einen Faden von Spirogyra nitida eindringend. Abtötung des Plasmas. Nach de Bary. Dicke der Hyphen 8 bis 15 μ, Vergr. 1500.

Tafel 23. Aphanomyces phycophilus de Bary, aus einem Faden von Spirogyra nitida ausblühend. Nach de Bary. Dicke der Hyphen 8 bis 15 µ, Vergr. 2000.

„ 24. Aphanomyces stellatus de Bary. Zwei ausgebildete Oogonien mit ihren Antheridienzweigen, halbreife Oosporen enthaltend. Nach de Bary. Durchmesser des Oogons 25 µ, Vergr. 5000.

„ 25. Penicillium sp. aus lebendem Flusskrebse. Bildung von Basilarzellen in einer Lamina. Durchm. 6 µ, Vergr. 2500.

„ 26. Penicillium sp. vom lebenden Flusskrebse. Die Sporen bildenden oder auskeimenden Basilarzellen in Fleischinfus. Zellenlänge 35 µ, Vergr. 2500.

„ 27. Penicillium sp. vom lebenden Flusskrebse. Gelatinekultur. Sporendurchm. 6,5 µ, Vergr. 2500.

Seit der von Ninni beschriebenen Epidemie, welche im Jahre 1860 die Krebsbestände der lombardischen Gewässer verwüstete, sind auch die Flusskrebse der anderen europäischen Länder zum grössten Teile verheerenden Krankheiten zum Opfer gefallen. Lässt sich auch zunächst ein Zusammenhang zwischen dem Verschwinden der Krebse in den italienischen Gewässern und einer schon vorher in Frankreich aufgetretenen Krebskrankheit nicht nachweisen, so unterliegt es doch keinem Zweifel, dass die seit 1879 von Frankreich aus nach Osten gewanderte Krebskrankheit eine einheitliche in ihrem Zuge bis über den Ural nachweisbare Infektionskrankheit darstellt.

Dass eine derartige Seuche, welche dem Nationalwohlstand der betroffenen Länder empfindlichen Schaden zufügte und zahlreiche Fischerkreise in ihrer Existenz lebhaft bedrohte, die ernsteste Aufmerksamkeit der Forscher und Fachgelehrten erregen musste, ist ersichtlich. Eine ganze Reihe, besonders deutscher, Gelehrter hat denn auch daran gearbeitet, den Erreger dieser merkwürdigen Krankheit aufzufinden.

Es lag nahe, dass man den Körper des Flusskrebses zunächst nach Parasiten durchsuchte, um diese für die Erregung und Verbreitung der Krankheit verantwortlich zu machen. Selbst auf die eigentümlichen Elemente des Krebsblutes, die Leukocyten, fiel unbegründeter Verdacht. Diese weissen Blutkörperchen des Krebses, die in abgerundetem Zustande etwa 30 µ messen, erwecken allerdings täuschend den Eindruck eines fremden parasitären Organismusses im Krebskörper. Mit vollendeter amöboider Bewegung begabt durchziehen sie die Blutbahnen des Krebskörpers und schlüpfen mit einer Geschwindigkeit von etwa 400 µ in der Stunde durch alle Teile der Gewebe. Tafel 1 stellt jüngere und ältere derartige Krebsleukocyten und in ihrem äusseren Ringe eine solche Blutzelle in den aufeinanderfolgenden Erscheinungen ihre wechselnden Formen dar.

Wenn schon Teile des Krebskörpers für fremde Eindringlinge und Krankheitserreger gehalten wurden, so darf es nicht wundernehmen, dass man auch Lebewesen, welche die Wohngewässer des Krebses in bedeutenderen Mengen erfüllen, dieses Schicksal zu Teil werden liess. So geschah es den Diatomeen, welche in ihre klaren Kieselsäureschalen gehüllt als brauner Schlamm in unzählbarer Menge auf dem Grunde der Gewässer leben. Als sich aber ergab, dass sie es sind, welche in vielen Gewässern fast ausschliesslich die Nahrung der Krebsbrut bilden, musste man wohl von ihrer Unschädlichkeit überzeugt sein. Tafel 2 zeigt einen Querschnitt durch einen Krebsmagen, welcher halb schematisch einen Teil der Magenwände und einen Teil des Lumens, welches von den unverdaulichen Schalen verschiedener Diatomeenarten erfüllt ist, darstellt.

Von Ektoparasiten war es besonders der Krebsegel, Branchiobdella parasitica Henle, der für den Krankheitserreger gehalten wurde. Der Umstand indessen, dass dieser Egel von jeher auch an gesunden Krebsen vorkommt, schloss die Annahme einer vernichtenden Einwirkung seinerseits auf die Krebsbestände vollkommen aus. Tafel 3 zeigt diesen Parasiten so, wie er sich nach seiner Abtötung und Aufhellung dem bewaffneten Auge darstellt.

Von Entoparasiten hatte man schon früher in Frankreich Thelohania contejeani Henneguy, ein Sporozoon, für die Erregung eines Krebssterbens verantwortlich gemacht. Obwohl dieser Organismus seitdem vielfach und allenthalben in Flusskrebsen gefunden worden ist, haben sich Beziehungen zwischen ihm und der grossen Epidemie, die man seit den siebziger Jahren allgemein als Krebspest bezeichnete, nicht ergeben. (Tafel 4 zeigt jüngere Sporoblasten der **Thelohania** und ältere sporentragende nebeneinander.)

Das gleiche gilt von einem anderen Sporozoon, dem Psorospermium Haeckelii Hilgendorf, welches ebenfalls entoparasitisch, obwohl seltener, im Flusskrebse vorkommt. Tafel 5 stellt dasselbe dar.

Einem ferneren Entoparasiten, dem Echinorhynchus polymorphus (miliaris v. Baer), welcher bei der Untersuchung von Pestkrebsen wiederholt zur Beobachtung gelangte, wurde mit Recht von den Forschern irgend eine Bedeutung in Bezug auf die Krebspest nicht beigelegt. Dieser Acanthocephale findet sich eingekapselt zuweilen am Darm des Krebses, wie ihn Tafel 6 darstellt.

Ausserordentliche Bedeutung dagegen wurde von deutschen Forschern einem Saugwurme, dem Distomum cirrigerum v. Baer, beigemessen, welchen Tafel 7 darstellt. Dieser Trematode wurde für die Ursache der Krebspest in Oberbayern gehalten.

Nachdem man sich überzeugt hatte, dass diese Annahme unhaltbar sei, wandte man sein Augenmerk den Fadenpilzen aus der Familie der Achlyen zu, welche an toten Pestkrebsen in den meisten Fällen in grossen Rasen gefunden wurden. Aber schon der Umstand, dass dieses Pilzgeschlecht in allen seinen Gliedern stets eine saprophytische, nie eine parasitische Lebensweise führt, musste einen Zusammenhang dieses Pilzes mit der gefürchteten Krebskrankheit als ausgeschlossen erscheinen lassen. Tafel 8 zeigt die Lagerhyphen einer Achlya-Spezies, etwas verkürzt in ihrer konischen Form, die als ein wichtiges Unterscheidungsmerkmal gegenüber denen des eigentlichen Erregers der Krebspest besondere Beachtung verdient.

Schon im Jahre 1884 hatte nämlich ein Berliner Gelehrter an Pestkrebsen einen verwandten Organismus aufgefunden, der von dem bedeutenden Berliner Mykologen Professor Magnus als zur Gattung Aphanomyces gehörig erkannt wurde. Mangel an weiterem Untersuchungsmaterial aber und Fehlen jeder Gelegenheit zu Infektionsversuchen verhinderte von vornherein, dass man diesem vorübergehenden Funde ernstere Bedeutung beilegte.

So verfiel man denn endlich in der Zeit, wo man gewöhnt war, jede Infektionskrankheit als von Spaltpilzen verursacht anzusehen, auf das so Naheliegende, den Körper des pestkranken Krebses nach Spaltpilzen als den Erregern der grossen Krebsepidemie zu durchsuchen.

Da zeigte sich allerdings dann zunächst, dass die erhebliche darauf verwandte Arbeit vergeblich gewesen war, da Pestkrebse, wie geschwächte Krebse überhaupt, in den meisten Fällen grosse Gemische der verschiedenartigsten Spaltpilze enthalten. Als nach vielfachem Suchen dann einmal in Pestkrebsen nur zwei solcher Spaltpilze, ein Coccus und ein den Nährboden verflüssigender Bacillus, gefunden wurden, von denen die Kulturen des ersteren in den Krebskörper injiziert, schwächere, die des letzteren bei gleichem Verfahren stärkere toxische Wirkungen aufwiesen und zum Teil Symptome hervorriefen, welche auch bei pestkranken Krebsen in manchen Fällen beobachtet werden können, wurde der letztere dieser beiden Spaltpilze unter der Bezeichnung Bacillus pestis astaci Hofer als Erreger der Krebspest angesprochen.

Dass auch diese Annahme den Tatsachen keinesfalls entspricht, geht aus zahlreichen älteren und neueren Untersuchungen einer ganzen Anzahl deutscher Gelehrter unzweifelhaft hervor. Es wurden nicht allein in zahlreichen Pestkrebsen, welche unter günstigen Umständen und gleich nach dem Absterben bakteriologisch untersucht wurden, überhaupt keine Spaltpilze aufgefunden, sondern die neuesten Arbeiten von Weinrowsky in Berlin haben auch zur Evidenz ergeben, dass Kontaktinfektionen mit dem Bacillus pestis astaci Hofer unmöglich sind. So wurden z. B. tote Krebse, deren Körper man durch Impfung mit den Kulturen dieses Spaltpilzes künstlich vollkommen durchtränkt hatte, von ihren hungernden Genossen aufgezehrt, ohne dass diese den geringsten Schaden davontrugen. Nach den neueren Untersuchungen des Zeichners dieser Tafeln hat sich vielmehr herausgestellt, dass sowohl pestkranke Krebse als auch Krebse, deren Wohlbefinden durch irgend eine schädigende Einwirkung, sei es auch nur in Bezug auf ihre Ernährung oder mangelhafte Aufbewahrung, gelitten hat, die verschiedensten gerade in ihrer Umgebung im Wasser vorkommenden Spaltpilzarten in ihren Körper aufnehmen, während sie in gesundem Zustande gegen ihr Eindringen auf verschiedene Weise vorzüglich geschützt sind. Nicht allein Kokken und Stäbchen, sondern auch Cladothrix-artige Desmobakterien dringen in den kranken Krebs ein. Sie sind aber nie Ursache, sondern, wenn sie vorhanden sind, nur Folge und Begleiterscheinung der Erkrankung des Flusskrebses. Tafel 9 zeigt die rötlich gefärbten, gequollenen Bindegewebshäute eines pestkranken Flusskrebses, welche von einer sehr grossen Anzahl von unbeweglichen Stäbchen nur einer Art erfüllt waren, die auf künstlichem Nährboden zu typischen Cladothrix-Verbänden auswuchsen.

Die Gelegenheit zur endlichen Auffindung des Erregers der Krebspest gab eine Epidemie, welche im Jahre 1902 die Gewässer der preussischen Provinz Schlesien verheerte. Der Zeichner dieser Tafeln, F. Schikora, benutzte das Auftreten der Krebspest im Pansdorfer See bei Liegnitz zu sehr eingehenden andauernden Studien der Krankheit und gelangte dadurch zu der Erkenntnis, dass einzig und allein der Fadenpilz Aphanomyces astaci, derselbe, der schon früher einmal vorübergehend beobachtet worden war, der Erreger der Krebspest ist. Er hat diesen Pilz in der Folge in postkranken Krebsen, die ihm aus vielen Teilen Deutschlands und Russlands zugegangen sind, nicht allein in allen Fällen nachgewiesen, sondern durch ihn auch die Krankheit durch blosse Kontaktinfektion in langer Reihe von Krebs zu Krebs übertragen.

Die Inkubationszeit eines angesteckten Krebses beträgt in den meisten Fällen 14 Tage. Tafel 10 zeigt einen Krebs, der das erste Zeichen jedes Übelbefindens, hier das erste Anzeichen der gelungenen Krebspestinfektion, die sogenannte Rückenfalte, erkennen lässt.

Nach dieser Erscheinung stellen sich nun, je nach der Stärke der Infektion und nach dem Gehalte des umgebenden Wassers an Bakterien, nach und nach die das Krankheitsbild der Krebspest so verschieden gestaltenden Symptome ein.

Die Krankheit endigt immer mit dem Tode. Sobald der Krebs gestorben ist, dringen die Pilzfäden, zuweilen in ungeheuren Mengen, aus dem Körper hervor, um ihre Sporen zu bilden und auszustreuen. Tafel 11 zeigt die Abbildung eines toten Pestkrebses, der in charakteristischer Weise die weissen Pilzrasen an den kalkfreien Chitinhäuten erkennen lässt.

In welch ungeheurer Menge die Sporangien des Pilzes bei starken Infektionen dann vorhanden sind, lässt Tafel 12 erkennen. Sie zeigt ein Auge und ein Fussgelenk des Krebses, deren kalkfreie Häute von den Sporenschläuchen des Pilzes durchbrochen sind. Es geht daraus hervor, dass schon ein einziger toter Pestkrebs, der stark infiziert war, imstande ist, das umgebende Wasser mit Millionen frei beweglicher Sporen zu erfüllen. Wie destruktiv diese durch ihr Wachstum wirken, lassen die nächsten beiden Tafeln klar erkennen. Tafel 13 zeigt die Kiemenfiederchen des Flusskrebses von Blut und Leukocyten erfüllt. Tafel 14 zeigt sie als leere Schläuche mit vollkommen zerstörtem Gewebe, aus denen die Sporangien des Pilzes eben hervorbrechen. Dass bei heftigen Epidemien die zarten Häute der Atemorgane des Krebses am meisten vom Pestpilze befallen und zerstört werden, liegt auf der Hand und stimmt auch mit Ninni's Beobachtungen in der Lombardei, der schon 1865 die Ansicht aussprach, dass diese Krankheit hauptsächlich die Atemorgane befalle, vollkommen überein.

Die Lagerhyphen des Pilzes unterscheiden sich durchaus von denen anderer Saprolegnien, denn sie sind überall gleich stark, 10μ, und verlaufen in dem Körper des Krebses, und zwar hauptsächlich in den Bindegeweben, in der von Tafel 15 gezeigten charakteristischen Art und Weise. Stärker von ihm befallene Gewebe werden durch ein von ihm abgesondertes Virus breiig verändert und missfarbig gerötet. Die Leukocyten werden getötet. Dadurch wird der Krebs seines besten Schutzmittels gegen das Eindringen der Spaltpilze beraubt. Sind diese nun in dem ihn umgebenden Wasser zahlreich vorhanden, so dringen sie in den verschiedensten Arten in den Krebs ein und rufen dann Krampferscheinungen und Abwerfen der Füsse und Scheren hervor, so wie man ja diese nebensächlichen Symptome der Krebspest durch Einspritzen von Kulturen von sehr verschiedenartigen verflüssigenden Spaltpilzen auch künstlich bewirken kann.

Tafel 16 zeigt drei Fruchthyphen des Pilzes, wie sie aus dem Körper des Krebses hervorbrechen.

Tafel 17 zeigt eine Fruchthyphe des Erregers der Krebspest, Aphanomyces astaci, und seine kleineren Sporen zum Vergleiche mit den ganz anders gestalteten Hyphen einer Achlye nebst ihren Sporen von grösserem Durchmesser. Den Vorgang der Sporenbildung sowie schwärmende Sporen, die sich mit ihren langen Geisseln an den lebenden Krebs anhängen, lässt Tafel 18 erkennen.

Tafel 19 illustriert das Bestreben des Pilzes, lufthaltiges Wasser aufzusuchen. Sie zeigt die beiden kleinen Antennen eines Pestkrebses, die 24 Stunden unter einem Deckglas gehalten wurden. Die geringe Masse des Nährbodens hat nur wenige Lagerhyphen kräftig genug werden lassen, um Sporenhäufchen zu bilden. Die anderen streben durch sogenannte Nothyphen nach dem Rande des Glases, während in dem luftarmen Innenraume zwischen beiden Antennen das Wachstum zum Stillstand gekommen ist.

Dass von früheren Beobachtern in Pestkrebsen Pilzhyphen zuweilen nicht aufgefunden worden sind, findet seine Erklärung in einem Umstande, der schon dem ersten Entdecker der Gattung, de Bary, nicht entgangen war: in der auffallend grossen Vergänglichkeit dieser Pilzfäden. Sie war sogar die Ursache, dass er der Gattung ihren Namen „Aphanomyces" beilegte. Tafel 20 zeigt die entarteten Hyphen, schraubig gedreht, zu Fetttröpfchen verödet und zu spaltpilzähnlichen Gliedern zerfallen, welche neben Überresten des dargestellten Sporenköpfchens oft die einzigen Zeugen der zerstörenden Tätigkeit des Pilzes bilden. Oft sind aber auch diese nicht mehr vorhanden, und nur die leeren Gänge, die mäandrisch gewunden in den Chitinhäuten liegen und der chitinlösenden Eigenschaft der Pilzhyphen ihre Entstehung verdanken, lassen die zerstörende Tätigkeit des Pilzes erkennen.

Aphanomyces astaci Schikora keimt weder auf totem Krebs noch auf Fischfleisch oder auf künstlichen Nährböden. Nur an, allerdings nicht nach ihrer Gattung bestimmten, Fliegen gelang es, die Sporen zum Auswachsen zu bringen. Tafel 21 stellt oben drei Sporen dar, die ihre Keimschläuche ausgetrieben haben. Die kleine Fliege war aber den Angriffen anderer Keimschläuche schon erlegen, ehe diesen das Eindringen in ihren Leib gelungen war. Sie wurden durch Abklopfen gewonnen. Die stärker vergrösserten Schläuche sind solche, die in die Fliege bereits eingedrungen waren. Sie und die abgebildete Spore sind nach dem Tode des Versuchstieres verödet.

Bezeichnend ist, dass der nächste Verwandte des Krebspestpilzes eine gleiche zerstörende Wirksamkeit in Bezug auf eine bestimmte Algengattung ausübt.

Tafel 22 zeigt diesen Pilz, Aphanomyces phycophilus de Bary, wie er in einen Faden der Alge Spirogyra nitida eindringt und Zelle auf Zelle abtötet und missfarbig macht.

Tafel 23 zeigt denselben Pilz, wie er aus dem abgetöteten Faden zur Sporenbildung heraustritt.

Dieser Pilz zwingt nunmehr nach der Analogie seiner Erscheinungen zu einer Annahme, welche auch das zuweilen milde, zuweilen verheerende Auftreten der Krebspest erklärt. Infolge der wiederholten ungeschlechtlichen Fortpflanzung sinkt nämlich die Lebensenergie des Pilzes immer mehr und würde schliesslich zum Aussterben der Art führen, wenn er nicht in der Lage wäre, durch Bildung von geschlechtlich erzeugten Oosporen die verloren gegangene Lebenskraft wieder zu gewinnen. Diese Möglichkeit ist ihm aber nach den Forschungen von de Bary nur auf einer anderen Alge gegeben, welche aber der Spirogyra, welche die ungeschlechtliche Form trägt, nahe steht. Es ist dies die Zygnema. Tafel 24 zeigt die geschlechtliche Sporenbildung einer weiteren Aphanomycesart, denn diese Weise der geschlechtlichen und ungeschlechtlichen Fortpflanzung ist allen Aphanomycesarten eigen.

Die Tafeln 25, 26 und 27 zeigen einen anderen Pilz, eine Penicillium-Spezies, welche den lebenden Flusskrebs dann und wann befällt und tötet. Da diesem Organismus aber die ungeheure Anzahl der frei beweglichen Sporen fehlt, kann er niemals eine Krebsepidemie hervorrufen.

Die Verbreiter der Krankheit sind mit grosser Wahrscheinlichkeit unter den abendfliegenden Wasserinsekten zu suchen, die auskeimende Sporen an ihrem Körper von einem Gewässer zum anderen tragen.

Postkranke Krebse zu heilen, ist nach allen bisherigen Erfahrungen eine Unmöglichkeit. Dagegen hat die Entdeckung des eigentlichen Erregers Wege eröffnet, welche zwar nicht dazu führen werden, die Krebspest aus der Welt zu schaffen, aber wohl dazu, ihr hier und da die Wege zu verlegen und sie in ihren verheerenden Wirkungen abzuschwächen.

Die Veröffentlichung der Gesamtergebnisse der jetzt mehr als dreijährigen Untersuchungen wird noch in diesem Jahre in der „Zeitschrift für Fischerei und deren Hilfswissenschaften", Berlin, Verlag von Gebrüder Borntraeger, erfolgen.

Schlesischer Fischerei-Verein,
Breslau I, Ohlauer Stadtgraben 28.

Mitarbeiter: Geschäftsführer des Vereins Professor Dr. Hulwa, Breslau I, Ohlauer Stadtgraben 28; Landschaftsmaler P. Weimann, Schoenau a. K.; Naturhistoriker Brauner, Zabrze (Oberschlesien); Kaufmann David, Breslau.

Fischfeindliche Insekten in drei Kästen. (Gesammelt und präpariert von Naturhistoriker Brauner, Zabrze [Oberschlesien]).

Ölgemälde, darstellend die Brutanstalt und sämtliche Aufzuchtsteiche in Helmsbach bei Schoenau a. K.

Ölgemälde, darstellend die Brutanstalt und ersten Aufzuchtsteiche in Helmsbach bei Schoenau a. K. (Beide Gemälde sind Eigentum des Prof. Dr. Hulwa, Breslau, und ausgeführt vom Landschaftsmaler P. Weimann, Schoenau a. K.)

Lagepläne der Brutanstalten Krappitz-Rogau und Grüssau.

Graphische Darstellung und statistische Tabelle, betreffend die Fischproduktion Schlesiens.

Tafel mit einer mikroskopischen Darstellung, betreffend die Selbstreinigung der Oder bei Breslau, nebst erklärendem Text (1890).

Fischereikarte von Schlesien.

Wandkarte, darstellend **das Flussgebiet der Weide** mit Bezug auf die von der Krebspest verschont gebliebenen Gewässer und die auf dem ganzen Gebiet vorhandenen Mühlen.

Jahresberichte des Schlesischen Fischerei-Vereins von 1890 bis 1904.

Vereinsschriften:
1. Korrespondenzblatt Nr. 1—4. 1897, 1898, 1899 und 1902.
2. Über die Angelfischerei in den Süsswässern. 1897.
3. Flussregulierungen und ihre Einwirkungen auf die Fischerei bezw. Errichtung neuer Brut- und Zuchtanstalten im Gebiete von Stauweihern. 1904.
4. Anweisung zur Erzeugung von Naturfutter — kleinen Krustazeen, Mückenlarven usw. — bezw. Anlegung von Gruben für Kultur des Planktons. 1905.

5. Zur Polizeiverordnung, betreffend den Verkauf und das Feilhalten von Krebsweibchen. 1900.
6. Professor Dr. Hulwa, Einiges über Wasseranalysen und die Beziehungen der Abwässer-Reinigung zur Fischzucht. Breslau 1893.
7. Professor Dr. F. Hulwa, Aus der Vorzeit der Fischerei. Breslau 1894.
8. Berichte, Gutachten, Zeugnisse und Erlasse über Dr. Franz Hulwas Abwässer-Reinigungs-Verfahren.
9. Professor Dr. Hulwa, Beitrag zur Selbstreinigung der Flüsse. 1894.
10. Professor Dr. Hulwa, Über Selbstreinigung der Flüsse. 1894.
11. Professor Dr. Hulwa, Zur Abwässerfrage. 1893.
12. Professor Dr. Hulwa, Beiträge zur Schwemmkanalisation und Wasserversorgung der Stadt Breslau. 1890.

Dr. Walter Schoenichen, Oberlehrer,
Schöneberg bei Berlin, Wartburgstrasse 24.

B. Eyferths einfachste Lebensformen des Tier- und Pflanzenreiches. Naturgeschichte der mikroskopischen Süsswasserbewohner. Dritte, vollständig neu bearbeitete und vermehrte Auflage von Dr. Walter Schoenichen und Dr. Alfred Kalberlah, mit über 700 Abbildungen auf 16 Tafeln in Lichtdruck. Braunschweig 1900. Verlag von Benno Goeritz.

Dass für die gesunde Entwickelung des Fischereiwesens eine genaue Kenntnis der Mikroorganismen des süssen wie des salzigen Wassers unerlässlich ist, dafür bietet die moderne Planktonforschung den besten Beleg. So oft es sich darum handelt, die Ernährungsverhältnisse, welche innerhalb eines Wasserbeckens vorliegen, zu ergründen, müssen die Mikroflora und Mikrofauna notwendig in Betracht gezogen werden. Daneben gehören auch die Parasiten unserer Süsswasserfische zum grossen Teile jenen einfachsten Lebensformen des Tier- und Pflanzenreiches an. Das genannte Buch unternimmt es daher, dem Fachmann wie dem Laien die reizvolle Welt der Mikroorganismen zu erschliessen. Auf 524 Seiten Text findet der Benutzer geeignete Bestimmungstabellen sowie kurze Charakteristiken der einzelnen Arten, Gattungen usw. Durch Beifügung von 16 Lichtdrucktafeln wird die Bestimmungsarbeit namentlich für den Anfänger erleichtert.

Kreis-Fischerei-Verein von Schwaben und Neuburg,
Augsburg.

Mitarbeiter: Freiherr von Lochner-Hüttenbach, Lindau (Bodensee), Bezirkskommissar Büttner, München.

Ichthyologische Karte des Kreises Schwaben und Neuburg.
Vereinsschriften:
Fischbuch für Schwaben und Neuburg.

Festschrift, herausgegeben vom Kreis-Fischerei-Verein für Schwaben und Neuburg aus Anlass seines 25 jährigen Bestehens.

Fischergemeinde, *Schwedt a. d. Oder.*

Mitarbeiter: Garnmeister C. Hübner, Fischereibesitzer Heinrich Schmidt und Garnmeister Johann Herms, sämtlich in Schwedt a. O.

Irdener Krug, mit Sinnsprüchen und der Jahreszahl 1816 versehen.
Zinnerner Pokal, mit Löwenköpfen verziert.
Karpfen aus Goldblech mit 45 seidenen Bändern. Der Karpfen ist als Innungsemblem im Jahre 1875 vom Klempnermeister Delourant in Schwedt a. O. angefertigt worden.

Fischerinnung, *Steinau a. d. Oder.*

Fünf alte Urkunden, darstellend:
1. Einen Lehrbrief für Michael Tietze, ausgefertigt am 9. Februar 1660 zu Trebnitz.
2. Einen Lehrbrief für Andreas Wencke, ausgefertigt am 7. Oktober 1682 zu Brieg.
3. Einen Meisterbrief für Caspar Volckmann, ausgefertigt am 4. Juni 1687 zu Crossen a. O.
4. Einen Lehrbrief für Friedrich Hahnwald, ausgefertigt am 7. April 1764.
5. Einen Lehrbrief für Georg Friedrich Bohmert, ausgefertigt am 30. September 1765 zu Steinau a. O.

Teichwirtschaftliche Versuchsstation der Landwirtschaftskammer für die Provinz Schlesien,
Trachenberg (Schlesien).

Mitarbeiter: Leiter der Versuchsstation Dr. C. Hoffbauer, Trachenberg (Schlesien).

Photographien und schematische Zeichnungen zur Veranschaulichung der Alters- und Wachstumserkennung der Fische nach der Schuppe.

Eine sichere Alterserkennung ist für die allgemeine biologische Forschung ein unentbehrliches Hilfsmittel. Für die Praxis ist sie von ganz besonderer Bedeutung bei allen der künstlichen Aufzucht mehr oder weniger unterworfenen Fischen, denn sie bildet das beste Vorbeugemittel gegen unreelle Besatzverkäufe und trägt hierdurch wesentlich zur Erhaltung eines gesunden wirtschaftlichen Betriebes, insbesondere in der mehr und mehr Verbreitung gewinnenden Karpfenteichwirtschaft, bei.

Die Karpfenschuppe ist auch das erste Organ, welches durch die infolge der Hinweise Kintzes und Burdas veranlassten näheren Untersuchungen sich als durchaus geeignet und zuverlässig nicht nur für die Alters-, sondern gleichzeitig auch für die Wachstumserkennung innerhalb der einzelnen Lebensabschnitte erwiesen hat. Die Veranlassung, die Schuppe als einzelnes Organ zur Altersbestimmung heranzuziehen, lag in der Unmöglichkeit der Bestimmung nach der Körperlänge des Karpfens. Seine Altersbestimmung selbst beruht auf einer neuen, bis dahin nur in der Pflanzenwelt bei der Alterserkennung der Holzgewächse verwendeten Methode der Verwertung der Einwirkung des jährlich intermittierenden resp. zeitweilig persistierenden Gesamtwachstums auf die Strukturgestaltung einzelner Organe. (Vergl. „Die Altersbestimmung des Karpfens an seiner Schuppe" von Dr. Hoffbauer im ausliegenden Jahresbericht der teichwirtschaftlichen Versuchsstation 1899 S. 74 ff.) Weitere Vergleiche mit den Schuppen anderer Fische haben zu dem wichtigen Ergebnis geführt, dass nicht nur beim Karpfen und anderen Friedfischen, sondern auch bei ausgeprägten Raubfischen (z. B. Hecht, Forellenbarsch, Zander, Dorsch, von denen Schuppenphotogramme ausliegen) ebenfalls in jedem Lebensjahre eine Verminderung und ein zeitweiliger Stillstand im Körperwachstum vorhanden sein muss. (Vergl. „Weitere Beiträge zur Bestimmung des Alters und Wachstumsverlaufes an der Struktur der Fischschuppe" von Dr. Hoffbauer im ausliegenden Jahresbericht der teichwirtschaftlichen Versuchsstation zu Trachenberg 1900/01 S. 60, und „Weitere Beiträge zur Alters- und Wachstumsbestimmung der Fische, speziell des Karpfens" von Dr. Hoffbauer im ausliegenden Heft III der Zeitschrift für Fischerei, XII. Bd., S. 140.)

Die Bestimmungsmerkmale liegen hauptsächlich in der Struktur des in der Haut des Fisches (in der Schuppentasche) verborgenen, durch das Herausziehen erst sichtbar werdenden Teiles (des Vorderfeldes) der Schuppe, bezw. in der Übergangsstruktur zu dem äusserlich sichtbaren Teil (dem Hinterfeld) der Schuppe. Die Altersbestimmung lässt sich am lebenden Fische vornehmen und wird erzielt: 1. durch die Divergenz der konzentrischen Linien beim Übergang vom Vorder- zum Hinterfeld, 2. durch das Ablaufen der konzentrischen Linien seitlich auf eine mehr oder weniger deutlich hervortretende Altersgrenzlinie, die sich nur durch einen zeitweiligen gänzlichen Stillstand im Körperwachstum erklären lässt, 3. durch den verschiedenen Abstand der konzentrischen Linien im Vorderfelde, 4. durch eine vielfach an der Grenze einer neuen Jahreszone einsetzende vermehrte Radiärstreifung. Die unter 3 und 4 genannten sind namentlich beim Karpfen anwendbare sekundäre Hilfsmittel, die übrigen dienen sowohl bei Cykloid- wie Ctenoidschuppen (z. B. Forellenbarsch, Zander) zur Alterserkennung. Die genannten Alterserkennungsmittel sind in der ausliegenden schematischen Zeichnung vereint dargestellt; sie erweisen sich selbst bei ganz abnormen Wachstumsvorgängen als stichhaltig. (Siehe die ausliegenden Photogramme von Schuppen abnorm gut oder abnorm schlecht abgewachsener ein- bis dreisömmeriger Karpfen.)

In gleicher Weise wie bei den Wachstumsvorgängen der Holzgewächse lässt sich nach der mehr oder weniger grossen linearen Ausdehnung der einzelnen Jahresfelder bezw. nach ihrem Grössenverhältnis zueinander in der Schuppe ausser der Alterserkennung noch ein Urteil über die Intensität des gesamten Wachstumsganges im Leben des Schuppenträgers gewinnen. Zur Veranschaulichung dient die ausliegende schematische Zeichnung, welche u. a. die je nach dem Einsatzgewicht verschiedene lineare Ausdehnung der Jahresfelder bei gleichen Abwachsgewichten zum Ausdruck bringt. Als besonders interessant für die Erkennbarkeit des Wachstumsganges sei auf das Photogramm der Schuppe des in der zweiten Hälfte des zweiten Sommers durch eine Schlammverhärtung im Darm erkrankten Karpfens hingewiesen; die Struktur der Schuppe im zweiten Jahresfeld weist auf ein in der ersten Hälfte des Sommers sehr gutes Wachstum und zeigt durch den plötzlich sehr verengerten Abstand der konzentrischen Linien am Schuppenrande auf das deutlichste den Eintritt der Krankheit und der hierdurch veranlassten Verminderung des anfänglichen Wachstums.

Mikrophotogramme von Schuppen gleich schwer abgewachsener, aber ungleichalteriger Karpfen.

Mikrophotogramme, das Verhältnis der linearen Ausdehnung der Schuppenjahresfelder gleich schwer eingesetzter, aber

verschieden schwer abgewachsener, gleichalteriger Karpfen zeigend.

Mikrophotogramme von Schuppen abnorm abgewachsener Karpfen.

Graphische Darstellung der linearen Grössenverhältnisse der Schuppenjahresfelder mehrsömmeriger Karpfen nach Einsatz- und Abwachsgewicht.

Photogramme von Schlundzähnen eines drei-, vier- und fünfsömmerigen Karpfens. Die Kauflächen der Mahlzähne (speziell des grössten) zeigen durch schwarz gefärbte Furchen getrennte, deutlich hervortretende Längsstreifungen, deren Anzahl mit der Zahl der Altersjahre übereinstimmt. (Ein vorläufiger Hinweis.)

Mikrophotogramme verschiedenalteriger Schuppen anderer Fische (Rotauge, Forellenbarsch, Hecht, Schleie usw.).

Photogramme von vier einsömmerigen Karpfen verschiedener Grösse zur Veranschaulichung des Einflusses des Wasservolumens auf das Wachstum. Die vier Karpfen sind, getrennt voneinander, in vier nebeneinander stehenden, gleich grossen und gleiche Wassermengen (0,3 cbm) enthaltenden Aquarien in einem und demselben Sommer aufgewachsen, und zwar der erste (grösste) zusammen mit einem, die drei anderen zusammen mit bezüglich 3, 5 und 9 beim Einsatz gleich grossen Exemplaren Karpfenstrich. Futtermengen und sonstige Lebensbedingungen waren für sämtliche Karpfen vollkommen gleich. Die Karpfen zeigen im Verhältnis der Abstufung die in jedem Aquarium durchschnittlich erreichte Grösse.

Photogramme von der Aquarienanlage an den Versuchsteichen der Station, von der Gegend der Versuchsteiche und vom Arbeits- und Sammlungszimmer der Versuchsstation.

Veröffentlichungen.

Thüringischer Fischerei-Verein, *Weimar.*

Fischereikarte des Grossherzogtums Sachsen-Weimar-Eisenach in 3 Teilen.

Fischereikarte des Herzogtums Sachsen-Altenburg in 2 Teilen.

Heinrich Törlitz, stud. rer. nat., *Potsdam, Spandauerstr. 23.*

Kasten mit Insekten als Nützlinge und Schädlinge der Fischerei.

Die Bewohner eines Gewässers, sei es ein See oder ein Fluss, bilden eine grosse Lebensgemeinschaft. Jedes Individuum derselben führt den Kampf ums Dasein, indem es gegen die verschiedensten Feinde kämpfen muss, nicht nur gegen solche, welche sein Leben direkt bedrohen, sondern auch gegen ungünstige physikalische Verhältnisse, wie Nahrungskonkurrenten, Krankheitserreger und Parasiten.

In der Lebensgemeinschaft unserer Binnengewässer finden sich nun Tiere, welche den Fischen teils nützlich und teils schädlich sind. Als nützlich sehen wir solche Lebewesen an, die den Fischen als Nahrung dienen oder indirekt ihnen günstige Lebensbedingungen fördern, indem sie von den Nährtieren der Fische verzehrt werden. Schädlich sind dagegen Organismen, welche die Fische beeinträchtigen oder töten, und solche, durch welche ihre Nährtiere vernichtet werden.

Tiere, welche den Fischen nützlich oder schädlich sind, finden sich insbesondere auch unter den Insekten. Es sind weniger die ausgebildeten Insekten, die im Wasser leben, als vielmehr deren Larven, welche ihre Entwickelung dort durchmachen.

An nützlichen Vertretern dieser Tiergruppe wären zunächst die Eintagsfliegen (Ephemeriden) zu erwähnen. Sie sind allgemein verbreitet und treten gewöhnlich sehr zahlreich auf. Wie schon der Name besagt, leben die ausgebildeten Insekten nur wenige Stunden, welche der Fortpflanzung gewidmet sind. Ihre Larven dagegen bringen 2 bis 3 Jahre im Wasser zu, wo sie sich von modernden organischen Stoffen und von Pflanzen nähren.

Die Köcherfliegen oder Frühlingsfliegen (Phryganeiden) halten sich vorzugsweise in der Nähe der Gewässer auf, während ihre Larven, Sprock genannt, in denselben leben. Um ihren weichen Hinterleib zu schützen, bauen sich letztere ein Gehäuse, den Köcher, aus Pflanzenteilchen, kleinen Schneckenschalen, Steinchen usw. Die Larven scheinen vorzugsweise, wenn auch nicht ausschliesslich, von Wasserpflanzen zu leben.

Einige Mückenarten machen auch ihre Entwickelung vom Ei bis zum ausgebildeten Insekt im Wasser durch. Ihre Larven kommen oft in ungeheuren Mengen vor und schwimmen infolge Mangels der Füsse mittels zuckender Körperbewegungen. Die freien Puppen können ebenfalls noch ziemlich energisch schwimmen. Die Larven mancher Mückenarten nähren sich von Algen und faulenden Pflanzen, während andere dem Raub kleiner Tierchen nachgehen.

Die Vertreter der drei angeführten Insektengruppen sind als Fischnahrung von Wichtigkeit. Die Larven dieser Insekten machen einen Teil der Boden- und Ufernahrung aus, da sie den Grund und die Ufer der Gewässer bewohnen, während die ausgebildeten Insekten als Luftnahrung in Betracht kommen. Die letzteren werden eine Beute der Fische, wenn sie ihre Eier ins Wasser ablegen oder wenn sie nach dem Ausschlüpfen aus der Puppe sich anschicken, das Wasser zu verlassen.

Von den Schädlingen unter den Insekten sind zunächst die Larven der Libellen oder Wasserjungfern zu erwähnen. Diese leben etwa 10 Monate im Wasser und sind ebenso als Larven wie als ausgebildete Insekten sehr gefrässige Räuber. Sie sind durch den Besitz eines Fangarmes ausgezeichnet. Dies ist die verlängerte, mit starken Haken versehene Unterlippe, welche ausgestreckt und eingezogen werden kann und zum Ergreifen der Beute dient. Laich und ganz junge Brut wird von diesen Larven in bedeutenden Mengen vertilgt.

Während diese Insektengruppe nur als Larven die Gewässer bewohnt, finden wir auch die ausgebildeten Tiere der beiden folgenden Abteilungen im Wasser vor:

Die Wasserwanzen (Wasserskorpione, Rückenschwimmer) und ihre Larven, die in manchen Gewässern in unglaublicher Menge auftreten, töten mit ihrem harten Stachel, mit dem sie auch den Menschen sehr empfindlich stechen, grosse Mengen von Fischbrut, um sie auszusaugen.

Die Wasserkäfer und ihre Larven haben beissende Mundwerkzeuge und sind sehr blutdürstige Tiere. Bei uns sind namentlich der grosse gesäumte und der gefurchte Schwimmkäfer den Fischen gefährlich. Sie verzehren Laich und mehrzöllige Fischchen vollständig, während sie grösseren Fischen tiefe Löcher in den Leib fressen.

Die wichtigsten Vertreter der vorerwähnten Insekten befinden sich in der ausgestellten Sammlung.

Herzoglich Trachenberger Verwaltung,
Trachenberg (Schlesien).

Mitarbeiter: Cameraldirektor J. Haase, Trachenberg (Schlesien); Teichverwalter Schanz, Radziunz.
(Siehe auch S. 142.)

Modell einer Teichschleuse aus Zementbeton. Diese Form wird neuerdings zumeist in Trachenberg angewendet.

Modell einer Rauhbracke. Das Original dient zum Sortieren und Trennen der einzelnen Fischarten.

Modell einer Reinbracke. Das Original dient zum Ab- und Einzählen in die Blechkübel bei der Verwiegung.

Modelle von Driebsen. Die Driebse sind grosse, hinter den Brackern (Sortierern) stehende Holzbottiche, in welche die einzelnen Fischarten, Altersklassen usw. verteilt werden.

Wage zum Abwiegen der Fische.

Blechkübel zum Abwiegen der Fische.

Topographische Reliefkarte der Teichwirtschaft.

Ölgemälde eines einsömmerigen Spiegel- und Schuppenkarpfens, Trachenberger Zucht.

Ölgemälde eines zweisömmerigen Spiegel- und Schuppenkarpfens, Trachenberger Zucht.

Ölgemälde eines dreisömmerigen Spiegelkarpfens, Trachenberger Zucht.

Ölgemälde eines dreisömmerigen Schuppenkarpfens, Trachenberger Zucht.

Zeichnung eines japanischen Karpfens, hergestellt von einem japanischen Künstler.

Photographien von Teich- und Hälterabfischungen, darstellend:
1. Fischzug mit dem grossen Netz.
2. Fischen in den Verkaufshältern.
3. Wiegen und Verladen zum Engros-Export.
4. Arbeiten im Geräteschuppen.

Die seit dem Jahre 1641 im Besitze der Familie des gegenwärtigen Besitzers befindliche Herrschaft Trachenberg liegt 45 km nördlich von Breslau in der preussischen Provinz Schlesien. Das Klima ist entsprechend der geographischen Lage — 34° 40′ bis 34° 50′ Länge und 51° 30′ nördlicher Breite — als gemässigt zu bezeichnen. Die durchschnittliche Jahrestemperatur beträgt 8° Celsius, die mittlere Menge der jährlichen Niederschläge 600 mm. Die Lage ist eine ebene. Von Osten nach Westen fliesst die Bartsch, ein Nebenfluss der Oder, durch die Herrschaft und liefert das Wasser für die grösseren Teiche.

Zu der Herrschaft Trachenberg gehören 1950 ha Teiche mit einem Wasserspiegel von 1530 ha.

Die grössten Teiche sind:

    der Altteich mit . . . . . 442 ha,
    der Elensteich mit . . . . 264 ha,
    der Herrnteich mit . . . . 242 ha,
    der Jamnigteich mit . . . 212 ha,
    der Nesigoderteich mit . . 173 ha.

Hieran reiht sich eine Anzahl von Teichen bis herab zur Grösse von 5 ha.

Die ausgestellte topographische Reliefkarte zeigt die Lage der Teiche. Den Boden bildet meist ein humoser Sand.

In der ganzen Niederung der Bartsch wurde von Alters her Teichwirtschaft betrieben. Die gegenwärtigen Anlagen stammen aus dem 16. Jahrhundert und sind seit dieser Zeit im wesentlichen unverändert geblieben.

Die Bewirtschaftung der Teiche geschieht so, dass dieselben in der Regel abwechselnd 3 Jahre bespannt und 3 Jahre als Acker benutzt werden.

Gezüchtet werden nur Karpfen sowie Schleien als Nebenfische.

Früher wurde eine grössere Anzahl von Laichkarpfen, womöglich noch mit Karpfen anderer Altersklassen zusammen, in den für die Bruterzeugung bestimmten Teich gesetzt, welcher erst im Herbst abgefischt wurde. Naturgemäss hatte dieses System grosse Nachteile, da das Abfischungsergebnis zumeist grossen Unregelmässigkeiten unterworfen war.

Nach dem jetzt hier angewandten neueren Systeme der Bruterzeugung, dem sogenannten Dubisch-Verfahren, werden die Laichkarpfen im Monat Mai nach Eintritt beständiger warmer Witterung in flache, etwa 5 bis 10 ar grosse Laichteiche gesetzt, und zwar 1 bis 2 weibliche mit 2 bis 4 männlichen Karpfen. Das Laichgeschäft erfolgt mit ziemlicher Sicherheit schon nach einigen Tagen. Nach weiteren wenigen Tagen schlüpft die Brut aus, sie wird dann in die für das Heranwachsen derselben bestimmten Brutstreckteiche gebracht. Die Sicherheit der Bruterzeugung ermöglicht einen regelrechten Besatz derjenigen Teiche, welche — Streckteiche genannt — dazu bestimmt sind, den Fisch im zweiten Sommer aufzunehmen. In weiterer Verbindung steht hiermit der geordnete Besatz der Abwachsteiche, in welchen die Karpfen im dritten Sommer zum Verkaufsfisch heranwachsen.

Bei normalen Witterungs- und Wasserverhältnissen erreicht der Karpfen im ersten Sommer ein Gewicht von 50 bis 60 g, im zweiten von 250 bis 500 g und im dritten von 1 bis 1,5 kg.

Der Trachenberger Karpfen, vom Galizier Edelkarpfen abstammend, zeigt die typische hochrückige Form des letzteren. Durch sorgfältige Auswahl der Muttertiere und intensive Bodenbewirtschaftung der Teiche besitzt er grosse Schnellwüchsigkeit, so dass er nach dem dritten Sommer zum Verkaufsfisch von 1,5 kg heranwächst.

Dieses Abwachsverhältnis wird ohne künstliche Fütterung erreicht. Es trägt hierzu, ausser der bereits erwähnten dreijährigen periodischen Bewässerung, die Trockenlegung sämtlicher bewässerter Teiche während des Winters bei. Der Frost wirkt entsäuernd, zersetzt organische Substanzen und gibt dem Teichboden bei seiner Wiederbewässerung im Frühjahr erneute und erhöhte Nährkraft.

Die jährliche Produktion an Fischen beträgt etwa 1500 Zentner Karpfen und 100 Zentner Schleien, welche nach erfolgter Abfischung der Teiche im Herbst, in sorgfältig angelegten Hältern bis zum Versand, der zumeist im Dezember stattfindet, untergebracht werden.

(Eine Beschreibung der Trachenberger Teichwirtschaft wird im Bureau der Deutschen Binnenfischerei-Abteilung auf Nachfrage an Interessenten unentgeltlich abgegeben.)

Clemens Freiherr von Twickel, *Stovern bei Salzbergen.*

Übersichtsplan der Fischzucht und des Teichgutes in Ahsen bei Haltern in Westfalen. Die Fischzuchtanlage ist 70 a gross und hat 72 Teiche mit einer Gesamtwasserfläche von 40 ha. Die Anlage züchtet vornehmlich Salmoniden und Karpfen.

(Eine Beschreibung der Anlage wird im Bureau der Deutschen Binnenfischerei-Abteilung auf Nachfrage an Interessenten zum Preise von 1 Lire abgegeben.)

Unterfränkischer Kreis-Fischerei-Verein, e. V.,
Würzburg.

Mitarbeiter: Kgl. Oberlandesgerichtsrat Michael Scherpf, Würzburg.

Karte einer schematischen Darstellung der zur Durchführung einer geordneten Fischwirtschaft in der unterfränkischen Mainstrecke ausgewählten Schonreviere mit einer Nebenkarte eines solchen.

Zwei Exemplare der Satzungen über diese Fischwirtschaft.

Richard Volk, Vorstand der Abteilung für Elbuntersuchung des Naturhistorischen Museums in Hamburg,
Hamburg 23, Papenstrasse 11.

Stark vergrösserte Abbildungen von Diatomazeen-Schalen.
(Original-Photogramme von Richard Volk.)

1. Aulacodiscus oreganus Bail., Vergrösserung 1450 lin., nat. Grösse 0,15 mm.
2. Actinoptychus heliopelta Grun., Vergrösserung 730 lin., nat. Grösse 0,30 mm.

3. Arachnoidiscus ornatus Ehrenb., Vergrösserung 780 lin., nat. Grösse 0,22 mm,
    a) auf den mittleren Teil und äussersten Rand eingestellt,
    b) auf die dazwischen liegende Zone eingestellt.
4. Arachnoidiscus Ehrenbergii Bail., Vergrösserung 650 lin., nat. Grösse 0,26 mm,
    a) Oberseite,
    b) Unterseite derselben Schale.
5. Pleurosigma angulatum W. Sm.
    a) ganze Schale, Vergrösserung 635 lin.
    b) mittlerer Teil derselben Schale, Vergrösserung 2400 lin.
    c) ein kleines Stückchen davon, Vergrösserung 8200 lin.

nat. Länge 0,27 mm, nat. grösste Breite 0,046 mm.

Sämtliche Bilder sind mit Apochromaten und Kompensationsokularen aus der optischen Werkstätte von Carl Zeiss in Jena aufgenommen.

Die Diatomazeen oder Bacillariazeen (einzellige Algen mit Kieselschalen), deren Arten zum Teil in Binnengewässern, zum Teil im Meere leben, sind als Nahrung der mikroskopischen Krebse, die wiederum die Hauptnahrung vieler Fische, besonders der Jungfische, bilden, für die Fischerei von der grössten Wichtigkeit. Ausserdem haben sie als Sauerstofferzeuger für den Atmungsprozess der Fische und der Mikrofauna des Wassers grosse Bedeutung. Im fossilen Zustande bilden ihre Schalen an vielen Orten mächtige „Kieselgur"-Lager, welche vielfach technisch ausgebeutet werden.

Wissenschaftliche Veröffentlichungen:
a) Richard Volk, „Die bei der Hamburgischen Elbuntersuchung angewandten Methoden zur quantitativen Ermittelung des Planktons", Hamburg 1901.
b) Richard Volk, „Hamburgische Elbuntersuchung, I. Allgemeines über die biologischen Verhältnisse der Elbe bei Hamburg und über die Einwirkung der Sielwässer auf die Organismen des Stromes", Hamburg 1903.
c) Hermann Müller, Harburg, „Hamburgische Elbuntersuchung, II. Hydrachniden", Hamburg 1902.
d) Prof. Dr. G. W. Müller, Greifswald, „Hamburgische Elbuntersuchung, III. Ostracoden", Hamburg 1903.
e) Dr. W. Michaelsen, „Hamburgische Elbuntersuchung, IV. Oligochaeten", Hamburg 1903.

f) Georg Ulmer, „Hamburgische Elbuntersuchung, V.Trichopteren", Hamburg 1903.

g) Dr. R. Timm, „Hamburgische Elbuntersuchung, VI. Copepoden", Hamburg 1903.

h) Dr. R. Timm, „Hamburgische Elbuntersuchung, VII. Cladoceren", Hamburg 1905.

Unter dem Titel „Hamburgische Elbuntersuchung" wird noch eine Reihe von Arbeiten systematischen und biologischen Inhalts über die Tier- und Pflanzenwelt der Elbe von Hamburg bis zu ihrer Mündung veröffentlicht werden.

Peter Anton Wallau, Kaufmann,
in Firma: Friedrich Carl Haenlein Sohn, Fluss- und Seefischhandlung und Eishandlung, Hoflieferant, *Mainz, Rheinstrasse 33*.

Handschriftlich hergestellter Lehrbrief der Würzburger Fischerinnung aus dem Jahre 1759 für Johannes König, den späteren Gründer der jetzigen Fischhandlung von F. C. Haenlein Sohn.

Der in dem ausgestellten Lehrbrief genannte Johannes König, Fischer aus Würzburg, wanderte im Jahre 1762 nach Mainz am Rhein und eröffnete dort einen Fischhandel. Nach dem Tode desselben ging das Geschäft an seinen Schwiegersohn Friedrich Carl Haenlein im Jahre 1784 über, von diesem im Jahre 1830 auf seinen Sohn Peter Anton Haenlein. Im Jahre 1855 übernahm der Neffe des Vorgenannten, Josef Wallau, das Geschäft und übergab es seinem Sohn Peter Anton Wallau im Jahre 1871. Im Jahre 1888 trat noch der Bruder des Letztgenannten in das Geschäft ein. Beide sind die jetzigen Inhaber der Firma.

Die Fischhandlung wird noch genau auf demselben Platze und in demselben Hause betrieben wie zur Zeit der Gründung. Die Firma ist auch im Besitze einer Weiheranlage in Weisenau, welche erst pachtweise, dann im Jahre 1812 als Eigentum in die Hände der Firma überging. Das Geschäft war früher nur ein Platzgeschäft für Flussfische und Teichfische, hat sich aber mit der Entwickelung des Eisenbahnnetzes als Versandgeschäft weiter entwickelt.

Professor Dr. C. Weigelt, *Berlin NW. 7, Dorotheenstr. 60.*

Tragbarer Apparat für Wasser- und Abwässeruntersuchungen.

Die nötigen Reagenzien und Apparate zur Untersuchung von Wasser und Abwässer an Ort und Stelle sind in dem tragbaren

Kasten zusammengestellt. Der Vorteil einer Untersuchung an Ort und Stelle besteht darin, dass sowohl der Transport des Wassers bis ins Laboratorium wie auch die möglichen Veränderungen, welche die Wässer und namentlich die Abwässer dabei durch freiwillige Zersetzungen usw. erleiden können, ausgeschlossen werden.

Der Kasten ist bei der Firma Dr. Robert Muencke, Berlin NW. 6, Luisenstrasse 58, käuflich.

Neu an dem Apparat ist der Durchsichtigkeitsmesser, welcher namentlich dazu dienen soll, sich rasch über die gleichmässige Arbeit etwaiger Kläranlagen ein Bild zu verschaffen. Die Chemikalien und Apparate gestatten, die Reaktion des Wassers festzustellen, die Alkalität und Azidität zu bestimmen und die gewöhnlich in den Wässern und Abwässern vorkommenden Salze qualitativ nachzuweisen.

Eine kleine Übersicht der mit dem Apparat einzeln ausführbaren Arbeiten wird von der Firma Muencke dem Apparat beigegeben.

Fischereilich-hydrologische Arbeiten in 40 ausgewählten Abhandlungen. 1877 bis 1906:

1. Die Schädlichkeit der Fabrikabflüsse, besonders der Bleichereien. Baden-Baden 1879.
2. Neue Beiträge zur Frage der Schädlichkeit von Fabrik- und Hausabwässern für Fischzucht und Fischhaltung. Salzburg 1881.
3. Die Schädigung von Fischerei und Fischzucht durch Industrie und Hausabwässer. 1885.
4. Der „Nebenfang" der Hochseefischerei im Dienste der Landwirtschaft. Berlin 1889.
5. Fischguano aus deutschen Gewässern. 1889.
6. Die Abfälle der Seefischerei. Berlin 1891.
7. Die Verwertung von Abfällen der Seefischerei, Düngemittel, Futtermittel. 1891.
8. Die Schädigung der Fischerei durch Haus- und Fabrikabwässer. 1892.
9. Warum nimmt die Verunreinigung unserer Wasserläufe und die Entvölkerung unserer Fischgewässer in so erschreckendem Masse zu? 1893.
10. Können Industrie und Fischerei nebeneinander fröhlich gedeihen? 1893.
11. Schwemmkanalisation und Fischzucht. 1893.
12. Die Wasserverunreinigung, die dadurch bedingte Schädigung der Fischerei und die Mittel zur Abwässerreinigung. 1895.

13. Die Fischerei-Ausstellung des Deutschen Fischerei-Vereins in Berlin-Treptow. 1894.
14. Wieviel Fischfleisch essen wir in einem Kilogramm unserer wichtigsten Marktfische? 1896.
15. Der Deutsche Fischerei-Verein. 1897.
16. Die Abwasserverhältnisse der Ammoniaksodafabrik Montwy. 1898—1900.
17. Kleine Beiträge zur Abwasserfrage:
    I. Küchen- und Hausabwässer.
    II. Versuche über die eventuelle Schädlichkeit des Chlorcalciums für den Menschen. 1899—1900.
18. Die Faktoren fischereilicher Verunreinigung im Osten Deutschlands. 1900.
19. Vorschriften für die Entnahme und Untersuchung von Abwässern und Fischgewässern. 1900.
20. Unsere natürlichen Fischgewässer, wie sie sein sollten und wie sie geworden sind. 1900.
21. Die Errichtung von Reinigungsanlagen. Salzburg 1900.
22. Eine biologische und Abwasserversuchsstation der deutschen chemischen Industrie. 1901.
23. Die Endlaugen der Duisburger Kupferhütte und der Rhein. 1901.
24. Fürsorge für Reinhaltung der Gewässer in Preussen. 1901.
25. Die Industrie und die preussische Ministerialverfügung vom 20. Februar 1901. Berlin 1901.
26. Die fischereilich schlimmsten Abwässer. 1901.
27. Beiträge zur Lehre von den Abwässern:
    1. Über Mischungsformen. 1903.
28. Die Abwässer der Textilindustrien in Langenbielau. 1903.
29. L'assainissement et le repeuplement des rivières. (Traduction française de Monsieur le Prof. C. Julin-Liège.) Prix Edmond de Selys Longchamps. Brüssel 1903.
30. Über den Stand der Wasserverunreinigung in den westlichen Kulturstaaten. 1903. Fischerei-Kongress St. Petersburg. 1902.
31. Beiträge zur chemischen Selbstreinigung der Gewässer. Bericht des V. internationalen Kongresses für angewandte Chemie zu Berlin. 1903.
32. Die Quellen der Wasserverunreinigung der Gewässer der Mark Brandenburg. 1903.
33. Beiträge zur Lehre von den Abwässern:
    2. Kleine Mitteilungen. 1—4.

34. Internationale Regelung zum Schutz der Gewässer gegen Verunreinigungen. Referat für den Internationalen Fischerei-Kongress in Wien 1905.
35. Beiträge zur Lehre von den Abwässern:
>   3. Über die Bonität der natürlichen Gewässer und deren Hilfen bei der chemischen Selbstgesundung unserer Wasserläufe. 1905.
36. Ein deutsches Wasserbuch und die Potsdamer Handelskammer. 1905.
37—40. Tätigkeitsberichte 1902—1905. (4 Bücher.)

Fischerei-Verein für Westfalen und Lippe, *Brilon*.
Fischereikarte der Provinz Westfalen.
Vereinsschriften:
1. Die Gebirgsteiche und die Fischbrutanstalt des Leutnants a. D. und Amtmanns Stennes zu Fürstenberg, Kreis Büren i. Westf.
2. Die Steinmeistersche Fischzuchtanlage zu Bünde i. Westf.
3. Nachrichten über das Fischereiwesen im ehemaligen Hochstift Paderborn.

Westpreussischer Fischerei-Verein,
Danzig, Schwarzes Meer 6.
(Siehe auch S. 39 und 143).
Mitarbeiter: Geschäftsführer des Vereins Dr. A. Seligo, Danzig. Schwarzes Meer 6, und Dr. Ziegenhagen, Danzig.

Modelle von Zuchtgeräten der Binnenfischerei:
1. **Teichablaufrohr mit Klappenverschluss.**
2. **Drehbares Wasserstandrohr** für Teiche, mit Siebdeckel. Durch Drehen des aufrecht stehenden Rohres um die Abflusstrumme kann die Abflussöffnung leicht höher oder niedriger gestellt werden.
3. **Einfacher Mönch** (Einrichtung zum Stauen und Ablassen des Teiches) nach der Art des Zapfenrohres.
4. **Einfache Schleuse** für Wassergräben.
5. **Schleuse** mit geteilten Schützbrettern, um das allmähliche Senken eines Wasserspiegels von oben her zu ermöglichen.
6. **Einfacher Mönch.**
7. **Mönch mit Kastensieb und Fangschleuse.**
8. **Mönch**, durch welchen nicht das warme Oberflächenwasser, sondern das kühle Tiefenwasser abfliesst, mit grosser Siebfläche. Es kann auch eine kleine Siebtafel eingesetzt werden, von welcher

Laub usw. durch einen vorgesetzten Holzwinkel abgehalten wird. Eine andere Siebeinrichtung besteht aus einem keilförmigen Körper, dessen schräge Oberseite von einem Zinksieb mit gestanzten Löchern gebildet wird, das mit Besen leicht gereinigt werden kann.

9. **Einfache Fischleiter.**
10. **Bruthaus für Salmonideneier** mit den zugehörigen Geräten.
11. **Teller aus Drahtgaze** zum Anbrüten der Eier.
12. **Grosses Sieb** zum Erbrüten und Halten der Jungfische im strömenden Wasser.
13. **Bruttrog nach dem System von dem Borne.**
14. **Bruttrog nach dem System von La Valette und Benecke.**
15. **Bruttrog nach dem System Eckardt.**
16. **Selbstausleser nach Weiss.**
17. **Selbstausleser nach Wilmot.**
18. **Bruttrog zur Salmonidenerbrütung** im offenen Bache.
19. **Drahtgazekapsel zum Schutze der Eier** im offenen Gewässer.
20. **Kasten zur Erzielung von Maden** als Fischfutter über dem Teich. Auf den im Innern befindlichen Lattenboden werden frische Knochen und Fleischreste gelegt; die Schmeissfliegen kommen durch die verdunkelte Öffnung unter dem Deckel in den Kasten und legen ihre Eier an die Reste. Die Maden fallen in einen untergesetzten Kasten oder, wenn die Vorrichtung über einem Teichzufluss, Bach oder dergl. angebracht ist, direkt in das Wasser.
21. **Mass zum Messen der Maschenweite** durch Einstecken.
22. **Bandmass** mit Angabe der Mindestmasse der Fische.

Tafel mit Plänen des Bruthauses Königstal bei Danzig. Das Bruthaus hat doppelte Bretterwände, der Zwischenraum zwischen beiden Wänden ist mit Torfstreu ausgefüllt, um die Winterkälte abzuhalten. Das aus einem Quellteich stammende Wasser tritt, nachdem es ein im Teichdamm befindliches Filter passiert hat, durch einen Hahn in das Bruthaus, wo es zunächst in eine Blechrinne fliesst, in der es durch Stautrichter aufgestaut wird. Aus der Rinne wird es durch Heber aus Zinnrohr in die Apparate geleitet. An den Wänden stehen grosse, mit Zinkblech wasserdicht ausgekleidete Holzkästen, in welchen das Wasser wieder durch Stautrichter aufgestaut werden kann. Über die Stautrichter fliesst das Wasser durch Zinkröhren in eine am Boden befindliche, entsprechend geneigte Zinkrinne, welche auch das nicht durch die Brutapparate geführte Wasser der oberen Rinne aufnimmt, und von hier aus durch eine Röhre in den unter dem abnehmbaren Fussboden befindlichen Fischkasten, aus dem es, wieder über Stautrichter, abfliesst. Das Bruthaus ist ausgestattet mit Kaliforniern nach Borne, Benecke und Schuster, grossen und kleinen Brutsieben. Weiss'schen Selbstauslesern u. a. Neben dem Brutraum befindet sich ein kleiner heizbarer, mit Tisch und Regalen ausgestatteter Arbeitsraum. (Siehe auch Nr. 10.)

Tafel mit Plänen des Bruthauses Marienwerder.

Fischereikarte der Provinz Westpreussen.

Tafeln mit Mikrophotographien aus der Entwickelung der Salmoniden (zusammengestellt von Dr. Ziegenhagen, Danzig).

Vereinsschriften:
1. Untersuchungen in den Stuhmer Seen, Leipzig 1900.
2. Die Fischgewässer in der Provinz Westpreussen, Danzig 1902.
3. Die Fischerei in Moorgewässern, Danzig 1904.
4. Kurze Belehrung über die Binnenfischerei in Westpreussen, Danzig 1904.
5. Mitteilungen des Westpreussischen Fischerei-Vereins, Band XI bis XVII, Danzig 1899—1905.

Hermann Würke,
Dammendorf bei Grunow (Bez. Frankfurt a. O.).

Präparate zur Entwickelung des Zanders:

a) Zandereier,
b) Gemisch von Zander- und Plötzeneiern,
c) frisch ausgeschlüpfte Zander,
d) 2 Wochen alte Zander,
e) 4 Wochen alte Zander,
f) 6 Wochen alte Zander.

In den Oelsener Seen, wo ordnungsmässige Zanderwirtschaft betrieben wird, werden die Laichplätze für den Zander künstlich hergerichtet. Es sind dies Laichbetten von grünem Kiefern- und Wacholderreisig. Im allgemeinen laicht der Zander von Mitte April bis Mitte Mai. Zu derselben Zeit laicht die Plötze, welche zuweilen auch die Laichbetten des Zanders benutzt. Es entsteht dann ein Gemisch von Zander- und Plötzeneiern. Beide Fischarten entwickeln sich gemeinschaftlich, ohne dass für den Zander als Edelfisch ein Schaden bedingt wäre. Die Plötzen wachsen langsamer als die Zander und dienen letzteren am Ende des ersten Sommers sogar zur Nahrung. Die Zandereier, zu rechter Zeit von den Laichbetten getrennt, lassen sich, in frisches Moos verpackt, 4 Tage ohne Wasser lebend erhalten, so dass die Verpflanzung des Zanders durch Versenden solcher Eier an andere Gewässer ermöglicht wird.

Die präparierten Zander stammen aus einem Teich, welcher neben einsömmerigen Karpfen mit Zandereiern bezw. Zanderbrut besetzt wurde.

Württembergischer Landes-Fischerei-Verein, Stuttgart.

Wandkarte, darstellend **die Fische Süddeutschlands**, von Dr. A. Fickert.

Wandkarte, darstellend **das Flussgebiet der Schussen und Rothach**, von H. Vogler, Ravensburg 1894.

Schriften:

1. Professor Dr. Lampert: Das Leben der Binnengewässer. Leipzig 1899.
2. Dr. Haller: Württembergisches Wassergesetz. Stuttgart 1902.
3. Hubert Vogler: Die Otterjagd mit Hunden.
4. Pfarrer Pressel: Die Fischzucht im Kleinbetriebe. Stuttgart 1902.
5. Dr. C. B. Klunzinger: Bodenseefische, deren Pflege und Fang. Stuttgart 1892.
6. Die Ulmer Fischerei 1880—1895.
7. Dienstanweisung für den Fischereischutz in Württemberg. Vom Kommando der Königl. Forst- und Steuerwache.
8. Dienstanweisung für den Fischereischutz in Württemberg. Vom Königl. Ministerium des Innern in Stuttgart.
9. Zusammenstellung der in Württemberg geltenden, die Fischerei betreffenden Bestimmungen. Zusammengestellt von Hofrat Hinderer. Herausgegeben vom Württembergischen Landes-Fischerei-Verein, Stuttgart. Tübingen, 1894.
10. Wick: Entscheidungen deutscher Zivil- und Strafgerichte in Fischereisachen.
11. Wick: Der Fischereischutz in Württemberg. Ulm, 1881.
12. Rapp: Die Fische des Bodensees. In Jahrh. d. Vereins f. vaterl. Naturkunde in Württemberg, Jahrg. X, 1854.
13. O. Köstlin: Fischzucht im Grossen. Ebendaselbst.
14. C. B. Klunzinger: Die Fische in Württemberg, faunistisch-biologisch betrachtet, und die Fischereiverhältnisse daselbst. Bd. 37, 1881.
15. C. B. Klunzinger: Über die Felchenarten des Bodensees. Ebendaselbst, Bd. 40, 1884.

16. C. B. Klunzinger: Über Bach- und Seeforellen. Ebendaselbst, Bd. 41, 1885.
17. F. Piesbergen: Die Ekto- und Entoparasiten, von welchen die in der Umgebung von Tübingen lebenden Fische bewohnt werden. Ebendaselbst, Bd. 42, 1886.
18. C. B. Klunzinger: Über Zwergrassen bei Fischen und bei Felchen insbesondere. Ebendaselbst, Bd. 56, 1900.
19. C. B. Klunzinger: Über Melanismus bei Tieren im allgemeinen und bei unseren einheimischen insbesondere. Ebendaselbst, Bd. 59, 1903.
20. C. B. Klunzinger: Gangfisch und Blaufelchen. Ebendaselbst, Bd. 59, 1903.
21. O. Nüsslin: Gangfisch und Blaufelchen. Ebendaselbst, Bd. 60, 1904.
22. C. B. Klunzinger: Entgegnung auf Nüsslins Ausführungen in der Gangfisch- und Blaufelchen-Frage. Ebendaselbst, Bd. 59, 1903.
23. O. Nüsslin: Letzte Erwiderung auf Prof. Dr. Klunzingers Ausführungen in der Gangfisch- und Blaufelchen-Frage vom März 1904. Ebendaselbst, Bd. 61, 1905.
24. C. B. Klunzinger: Schlusswort auf Nüsslins letzte Erwiderung in der Gangfisch- und Blaufelchen-Frage. Ebendaselbst, Bd. 61, 1905.
25. K. Lampert: Die Fische des Oberamts Ulm, in: Oberamtsbeschreibung des Königl. Oberamts Ulm.
26. K. Lampert: Die Fische des Oberamts Cannstatt, in: Oberamtsbeschreibung des Königl. Oberamts Cannstatt. Druck von W. Kohlhammer, Stuttgart, 1895.
27. K. Lampert: Über die Nahrung der Bachforelle und des Bachsaiblings. Fischerei-Zeitung Nr. 15, Jahrgang 1900.

Gruppe 60.

Aufbewahrung und Transport von Fischen und anderen Wassertieren für Handelszwecke.
Fische und andere Wassertiere, lebend und zu Genusszwecken aufbewahrt, Fischöle usw., Salinen.

Alfred Bauer, Schlossfabrik, *Malchin (Mecklenburg)*.

Sicherheits-Vorhangschlösser mit seitlich drehbarem Bügel (D. R. G. M. 15 651), blank und lackiert, in drei Grössen. Die inneren Teile werden auch aus Messing angefertigt, um ein Festrosten zu verhüten.

Wilhelm Beyer, Grossherzogl. Sächsischer Hoflieferant, *Erfurt (Thüringen)*.
(Siehe auch S. 49.)

Rundes Transportgefäss für Salmoniden, mit Eiskühlung.
Ovales Transportgefäss für Salmoniden, ohne Eiskühlung.
Schaukeltransportgefäss für Salmoniden.

Fischerei-Verein für die Provinz Brandenburg,
Berlin W. 62, Lutherstr. 47.

Mitarbeiter: Hauptgeschäftsführer des Vereins Dr. L. Brühl, Berlin W. 62, Lutherstr. 47; Professor Dr. Eckstein, Eberswalde.
(Siehe auch S. 27 und 50.)

Modelle einiger in der Prov. Brandenburg gebräuchlicher Gerätschaften zum Transport und zur Aufbewahrung von Fischen und Fischeiern:

1. **Märkischer Fischerkahn** mit Fischkasten im Mittelteil, Segel u. a. m. Zu Potsdam werden diese Kähne „Hoche" genannt. (Zur Verfügung gestellt vom Märkischen Provinzial-Museum, Berlin.)

2. **Fischkasten** mit regulierbarem Gestell. Form der in der Spree bei Berlin gebräuchlichen Kasten. (Zur Verfügung gestellt vom Märkischen Provinzial-Museum, Berlin.)

3. **Kiste zum Versand angebrüteter Fischeier.** Im mittleren Raume stehen kleine Kästchen, in welchen, mit Moos gut verpackt, die Eier liegen. Sie kommen in eine grosse Kiste mit Doppelwandung zu stehen, deren Moosschicht zur Verhinderung schädlicher Temperatureinflüsse dient.

4. **Fischkasten** mit Wand aus Holzstäben und Maschendraht, in welchem die gezählten und gewogenen Karpfen bis zum Versand aufbewahrt werden. Mehrere solcher Kasten, in einen zweibalkigen Schwimmer gehängt, werden vom Kahn gezogen.

Gemälde eines Motorfahrzeuges zum Fischtransport (zur Verfügung gestellt von der Firma Wilhelm Kaumann Nachf. Robert Fritsche, Berlin C. 25, Neue Friedrichstr. 4).

A. Freundlich, Maschinenfabrik, *Düsseldorf*.

(Die Ausstellungsobjekte befinden sich im Aquarium der italienischen Abteilung.)

Zwei Kühlmaschinen zur Abkühlung des Aquariumwassers auf dauernd etwa 15° C.

Die Kühlanlage dient dazu, in einem Verdampfer eine kalte Salzwasserlösung zu bereiten, um mittelst derselben indirekt das Wasser in dem Aquarium auf einer für die Fische zuträglichen Temperatur zu halten. Zu diesem Zwecke wird das in dem Kompressor verdichtete Ammoniak in den Kondensator gedrückt, welcher als Tauchkondensator ausgebildet ist und gleichzeitig als Unterbau dient. Das in diesem Kondensator verflüssigte Ammoniak verdampft in dem sogenannten „Verdampfer" und entzieht der in letzterem befindlichen und mittelst eines Rührwerkes kräftig bewegten Sole die Wärme. Diese Sole wird mittelst Pumpe, die am Kompressor direkt aufgestellt ist, durch eine Bleischlange gedrückt und kühlt das um die Bleischlange herumfliessende Seewasser.

Gottfried Friedrichs, Fischhandlung und Fischerei, *Wittenberge a. d. Elbe (Bezirk Potsdam)*.

Aaltransportkiste und Modell derselben. Etwa 2000 Stück Aale werden auf die untersten drei Einsätze verteilt, der oberste Einsatz mit rund 20 Pfund gemahlenem Eis gefüllt. Die Aale können dann eine Reise von 5 Tagen antreten, ohne Schaden zu nehmen. Der Versand in Fässern ist beim Satzaal kaum durchführbar, weil dieser Fisch zuviel Schleim im Wasser absondert und darin erstickt; liegt das Fass womöglich einige Stunden still, wie das auf längeren Strecken nicht anders geht, so ist sicher alles tot; ein Stilllager hat natürlich auf das Leben der Aale beim Versand in der Kiste keinen Einfluss. Ausserdem hat der Kistenversand den Vorzug der grossen Billigkeit: 100 Pfund Satzaale im Fass brauchen etwa 500 kg Wasser; 100 Pfund Satzaale in der Kiste einschliesslich allen Zubehörs wiegen etwa 90 kg; der Versand in Kisten wird also nur den fünften Teil der Fracht kosten, wie im Fass. Der Vorteil, welcher dem Käufer hierdurch erwächst, ist in die Augen springend. Aus diesen Gründen ist es dem Aussteller auch möglich geworden, für lebende Ankunft der Aale jede Gewähr zu leisten.

(Während der Ausstellung werden mehrfach Transporte lebender Aale mit dieser Kiste von Wittenberge nach Mailand ausgeführt werden.)

Geräucherter Flusslachs aus eigener Räucherei in Seiten von 5 bis 20 Pfund. (Wird in kurzen Zwischenräumen erneuert.)

Adolf Glauss, Klempnermeister,
Königsberg (Ostpreussen), Drummstrasse 1.
(Siehe auch S. 74.)

Ovale Transportkanne.
Runde Transportkanne.

Die beiden vorgenannten Transportkannen dienen zum Versand der kleinen Fischchen. Die Kannen, welche bis oben hin mit Wasser gefüllt sein müssen, verhüten eine zu starke Bewegung und Erschütterung der Fischchen. In dem Hals der Kannen steckt ein zylinderartiges Gefäss mit Siebboden, welches mit Eis gefüllt wird, um eine niedrige Temperatur zu erhalten. Für weitere Transporte setzt man die Kanne bei wärmerer Witterung vorteilhaft in einen mit einem Gemisch von Eisbrocken und trockenen Sägespänen gefüllten Korb.

Heinrich Henkel, Grossgärtnerei, Grossherzogl. Hess.,
Kais. Russ., weil. Engl. Hoflieferant, Gartenarchitekt,
Darmstadt-Neuwiese.

(Die Ausstellungsobjekte befinden sich im Aquarium der italienischen Abteilung.)

Wasser- und Sumpfpflanzen, Aquarienpflanzen, Victoria regia, Nymphaceen, Zierfische.

Gebrüder Jacob, Fisch-Grosshandlung,
Berlin C. 2, Königsgraben 15c, und *Stettin.*
Inh.: Gottfried Jacob, *Stettin,* und Arthur Alexander, *Berlin.*

Geschirr (1 Polt mit 3 Anhängern resp. 3 Drebeln) (Modell).
Vermittelt die regelmässigen Zufuhren an lebenden Fischen zwischen dem Stettiner und Berliner Hause auf dem Wasserwege. Die Besetzungsfähigkeit dieser Fahrzeuge mit lebenden Fischen schwankt sehr je nach der Fischart und Jahreszeit.

Drebel (Modell). Er dient dem ausschliesslichen Zwecke, lebende Fische lebend aufzubewahren. Die Drebel sind freischwimmende Fahrzeuge, deren Grösse und Tiefgang den Wasserverhältnissen angepasst sind. Vorn und hinten sind entsprechende Luftkammern, die das Fahrzeug tragen. Alle mittleren Schotten sind am Boden, sowie an den Wänden durchlöchert, damit das Wasser frei hindurchfliessen kann.

Liegedrebel oder Lieger (Modell). Derselbe gleicht nach seiner Bauart und seinen Zwecken dem anderen Drebel, nur ist er, seiner Verwendung in Berlin angemessen, flacher und länger gebaut und am hinteren Ende mit einem überdachten, geschlossenen Raum versehen, der zu Kontorzwecken benutzt wird.

Fischkalter (Modell). Ein Transportfahrzeug für lebende Fische auf der Donau, das in seinem Bau den oben beschriebenen Drebeln ähnelt. Der Kalter ist bedeutend grösser und stärker gebaut, den Stromverhältnissen der Donau und speziell den Stromschnellen des Eisernen Tores angepasst und mit Steuerung versehen.

Spezial-Eisenbahnwagen mit Motorbetrieb für lebende Fische (Modell).
Zu Wasser war es der Firma schon seit langem möglich, vermittelst des Dampfers „Heinrich" und ihrer Quatzenflotte von allen irgend nur zur See erreichbaren Orten lebende Ware nach Stettin und von dort entweder in Fässern mit der Bahn oder in den sogenannten Geschirren (vgl. die anderen ausgestellten Modelle) auf dem Wasserwege auf den Hauptmarkt nach Berlin zu bringen. Doch im Laufe der Zeit stellte sich allmählich, teils durch den immer mehr anwachsenden Bedarf an Ware, teils durch stetige Verbesserungen des Bahnwesens hinsichtlich direkter entfernterer Verbindungen, das Bedürfnis heraus, den Transport mit Fässern umzuformen bezw. durch etwas Neues zu ersetzen, damit die Möglichkeit gegeben war, auch aus anderen, nicht zu Wasser erreichbaren Teilen Deutschlands, namentlich aus Ostpreussen und Schlesien, von wo bisher ein Fassversand

fast schon unmöglich, mindestens aber sehr schwierig war, lebende Fische nach Berlin schaffen zu können. So entstand nach langem Probieren der (in Deutschland allererste) Spezialwagen mit Motorbetrieb, wie er jetzt schon seit 1897 in den Betrieb der Königl. Preussischen Staatsbahnen eingestellt ist. Der Wagen ist Eigentum der Firma. An seiner Inneneinrichtung sind bis jetzt Jahr für Jahr stets Verbesserungen vorgenommen, die auch noch immer fortgesetzt werden. Der Wagen ist dreiachsig, hat Hand- und Westinghousebremse, auch Wärmeleitung und darf in Personen- und auch Schnellzügen befördert werden. Er hat dicke Isolierwände und -türen, die das schnelle Eindringen von Wärme verhindern sollen. Die Inneneinrichtung besteht aus einem Benzinmotor mit elektrischer Zündung, zwei Pumpen und sechs festen Behältern. Der Motor treibt die Pumpen und bewirkt ein Rotieren der einmal in die Behälter gelassenen Wassermenge, wodurch stets neuer Sauerstoff mit in das Wasser gerissen und auf diese Art den Fischen immer neue Atemluft zugeführt wird. Im grossen und ganzen ähnelt dieser Wagen in seiner Inneneinrichtung einer auf die Eisenbahn übertragenen Fischhalle, deren Behälter auch stetigen Ab- und Zufluss haben.

Königliches Museum für Völkerkunde, Vorgeschichtliche Abteilung, *Berlin SW. 11, Königgrätzerstrasse 120.*

Mitarbeiter: Geheimer Regierungsrat Dr. Voss, Kgl. Konservator E. Krause, beide zu Berlin SW. 11, Königgrätzerstr. 120.

(Siehe auch S. 31 und 89.)

IV.*) Fischmesser zum Schuppen und Zerlegen der Fische.
(Wahrscheinlich aus Elchknochen.)

39. If 5186**) von Fernewerder. Reich verziert mit charakteristischen Ornamenten der Steinzeit.

40. If 4721 von Döberitz. Aus einem Rippenstück gefertigt.

Eduard Krause, Konservator am Königlichen Museum für Völkerkunde, *Berlin SW. 11, Königgrätzerstrasse 120.*

(Siehe auch S. 35, 42 und 91.)

Zeichnung eines grossen Kochtopfes für Fische, aus Baumrinde gefertigt. ($^1/_2$ der natürlichen Grösse.) Nikobareninseln.

---

*) I—III und V—VII befinden sich in Gruppe 57, s. S. 31 ff.
**) Diese Nummern entsprechen den an den Originalen angebrachten Katalognummern des Königl. Museums für Völkerkunde.

Rudolf Linke, *Forellenzüchterei, Tharandt bei Dresden.*
(Siehe auch S. 94.)

Tafel mit Photographien der Tharandter Forellenzüchterei, darunter Photographien von Transportgefässen. Eine Spezialität der Anstalt ist es, sowohl Satz- wie Speisefische auf grosse Entfernungen und in grosser Menge zu jeder Jahreszeit lebend ohne Verlust zu versenden. Dies erreicht sie durch ihren eigenen Eisenbahnwagen. Letzterer ist mit grossen Behältern ausgerüstet, in welche durch Motor betriebene Pumpen eigenen Systems unausgesetzt Druckwasser in fingerstarkem Strahle spritzen. So wird einfach und praktisch für reichliche Durchlüftung des Transportwassers gesorgt. Tagelange Transporte werden auf diese Weise durchgeführt.

Paul Matte, Spezialzüchterei fremdländischer Zierfische,
Lankwitz bei Berlin.
(Die nachstehend genannten Fische befinden sich im Aquarium der italienischen Abteilung.)

Lebende Zierfische für Aquarien, nämlich:

1. **Japanischer Schleierschwanz-Goldfisch** (Carassius auratus longicaudatus). Heimat: Japan. Zum erstenmal nach Europa eingeführt vom Aussteller im Jahre 1883. Die durch letzteren erzielte Nachzucht ist über ganz Europa und zum Teil über Süd- und Nordamerika verbreitet. Seine schleierartige Flossenentwickelung, welcher er auch seinen Namen verdankt, bietet einen fesselnden Anblick. Durch sachgemässe Zuchtwahl erhielt Aussteller von dieser Art eine Spezies, die sich durch aussergewöhnlichen Flossenwuchs kennzeichnet; z. B. muss die Rückenflosse mindestens so hoch sein, wie der Fisch selbst, ebenso müssen alle anderen Flossenteile hervorragend entwickelt sein. Man nennt diese Spezies „Stamm Matte".
2. **Chinesischer Teleskopfisch** (Carassius auratus macrophthalmus). Eingeführt im Jahre 1873 durch Carbonnier, seit 1885 wurde durch wiederholte Einfuhr eine vorzügliche Rasse herangezüchtet. Seinen Namen hat er von seinen hervorstehenden Teleskop-(Glotz-)Augen. Körper gedrungen, Flossen kurz und normal; seine Vermehrung gleicht der unseres gewöhnlichen Karpfens.
3. **Teleskopschleierschwanz** (Carassius auratus macrophthalmus). Heimath: China. Durch jahrelange, sorgfältige Auswahl der Zuchttiere von Teleskop- und Schleierschwanz-Goldfischen ist diese Spezies entstanden; so wurde in letzter Zeit auch eine

Spezies herausgezüchtet, deren Flossenwerk eine aussergewöhnliche Grösse zeigt; auch diese Art wird mit „Stamm Matte" bezeichnet, um dieselbe von den anderen zu unterscheiden.

4. **Grossflosser** (Macropodus viridi auratus). Heimat: China. Einer der interessantesten Zierfische, wurde nach Deutschland im Jahre 1876 zum erstenmal eingeführt. Aussteller begann die Zucht in demselben Jahre. Der Fisch lenkt die Aufmerksamkeit der Liebhaber dadurch auf sich, dass er in kleinen Behältern zur Zucht schreitet; sehr interessant ist der Nestbau und blendend die Farbenentwickelung, wenn er im Hochzeitskleide prangt.

5. **Getupfter Gurami** (Osphromenus trichopterus). Heimat: Ostindien. Eingeführt 1897. Seiner schönen Farbenpracht wegen wird er der „König der Indier" genannt; baut ein Nest aus Schaumblasen an der Oberfläche und bewacht seine Brut sorgfältig.

6. **Gebänderter Fadenfisch** (Trichogaster fasciatus). Heimat: Ostindien. Aussteller führte diesen Fisch im Jahre 1897 aus Kalkutta ein. Der Fisch hat, was Nestbau und Brutpflege anbetrifft, dieselben Eigenschaften, wie Osphromenus trichopterus, seine Farbenpracht übertrifft noch die des Makropoden.

7. **Kleiner Fadenfisch** (Trichogaster lalius). Heimat: Ostindien. Eingeführt im Jahre 1903 vom Aussteller. Dieser kleine, etwa 5 cm grosse Fisch, der alle seine bisherigen Stammesverwandten der Labyrinthfische weit an Schönheit und Farbenpracht übertrifft, zeichnet sich ganz besonders durch seinen Nestbau aus, welcher an der Oberfläche schwimmt, etwa 8 cm im Durchmesser hat, ebenso hoch ist und aus kleinen Wasserpflanzenteilchen, wie Riccia fluitans und anderen Wasserkonverven, in Verbindung mit kleinen Luftbläschen, besteht. Die Brut dieses Fischchens ist äusserst klein und mit blossem Auge kaum sichtbar.

8. **Chanchito** (Heros facetus). Heimat: Argentinien. Eingeführt im Jahre 1894 und 1897, ist ein interessanter Liebling der Aquarienbesitzer; der eigenartige Nestbau und die sorgsame Brutpflege sind fesselnd, ganz besonders sein chamäleonartiger Farbenwechsel, weshalb er auch den Namen „Chamäleonfisch" erhielt.

9. **Geophagus brasiliensis**. Heimat: Brasilien. Vom Aussteller 1898 zum erstenmal nach Europa eingeführt und mit Erfolg gezüchtet; der Fisch vermehrt sich in derselben Weise wie

Heros facetus, sein Farbenschmelz ist ein viel schönerer und glänzt perlmutterartig, weswegen er auch den Namen „Perlmutterfisch" erhielt.

10. **Geophagus gymnogenis.** Heimat: Brasilien. Eingeführt im Jahre 1898 zum erstenmal vom Aussteller nach Europa; ist mit Erfolg gezüchtet. Lebensweise wie Geophagus brasiliensis.
11. **Der schwarzgebänderte Chanchito** (Cichlasoma nigrofasciatum). Heimat: Mittelamerika. Auch dieser ist ein Nestbauer wie seine verwandten Arten; sein Farbenkleid ist äusserst prächtig. Eingeführt 1903. Seine Nachkommenschaft ist reichlich und leicht aufzuziehen.
12. **Neetroplus carpintis.** Heimat: Zentralamerika. Ist ein im Bodengrund lebender Nestbauer, der seine Brut sorgfältigst bewacht und führt. Seine Farbe erglänzt grün und blau metallisch.
13. **Paratilapia multicolor.** Heimat: Flussgebiet des Nils. Der bunten Farbenpracht wegen hat er auch den Beinamen „multicolor" (vielfarbig) erhalten. Seine Grösse ist etwa 8 cm; er ist ein Nestbauer. Er gräbt eine Grube im Sandboden, in der die Eier befruchtet werden. Ist die Eierablage beendigt, so nimmt das Weibchen die Eier und erbrütet sie in ihrem Maule bezw. Kehlsack, solange bis die Brut ausgeschlüpft ist. Die Sorge um die Nachkommenschaft ist damit nicht beendigt, sondern das Weibchen lässt die Brut nur aus dem Maule entschlüpfen und pflegt sie sorgfältig weiter; bei Gefahr wird der Brut ein Zeichen gegeben, damit sie sofort in den Kehlsack hineinschlüpfen kann und so geschützt ist.
14. **Tilapia zillii.** Heimat: Flussgebiet des Nils. Auch diese Chanchito-Art baut Nester wie die vorige. Farbe sehr lebhaft; ebenfalls Pflanzenfresser.
15. **Tilapia nilotica.** Heimat: Flussgebiet des Nils. Brutpflege und Aufzucht ist wie bei Paratilapia multicolor.
16. **Japanischer Goldkarpfen** (Hi-goi, Carassius auratus). Heimat: Japan. Derselbe wurde im Jahre 1894 vom Aussteller auf Veranlassung des † Professor Dr. Hilgendorf, Kustos am Museum für Naturkunde in Berlin, eingeführt. Seine Lebensweise und seine Vermehrung ist die unseres heimatlichen Karpfens. Nachzucht dieser Spezies hat reichlich stattgefunden.
17. **Girardinus decemmaculatus** (Zehnfleckkärpfling). Heimat: Argentinien. Wurde 1898 vom Aussteller eingeführt und erzielte

reichliche Nachzucht, welche wohl über ganz Europa schon verbreitet ist; es war geradezu Aufsehen erregend, als diese kleinen Fische, welche eine Länge von 25 bis 35 mm hatten, „lebendige Junge" zur Welt brachten, die etwa 8 bis 9 mm lang sind und in wenigen Augenblicken genau so sich im Wasser bewegen wie ihre Eltern.

18. **Girardinus caudimaculatus.** Heimat: Argentinien. Mit vorigem zu gleicher Zeit eingeführt; er besitzt dieselben Eigenschaften wie Girardinus decemmaculatus, nur dass er statt zehn Flecken einen besitzt. Seine Grösse ist bedeutend, weibliche Fische werden bis zu 60 mm gross.

19. **Poecilia mexicana.** Heimat: Mexiko. Eingeführt im Jahre 1899. Auch dies ist eine lebendig gebärende Art. Die Grösse der männlichen Fische beträgt etwa 55 mm, der weiblichen bis 80 mm; den Kopulationsstachel kann der Fisch nicht nach vorn, wie die vorgenannten beiden Arten, zur Begattung benutzen, sondern nur seitwärts. Nachzucht über ganz Europa verbreitet.

20. **Poecilia unimaculata.** Heimat: Brasilien. Eingeführt 1904. Lebendig gebärend. Körpergrösse beim Männchen etwa 6 cm, beim Weibchen etwa 7 cm. Die gelblich-braune bis olivgrüne Grundfärbung dieses Kärpflings geht unterseits in Weiss über.

21. **Gambusia Holbroocki.** Heimat: Südliches Nordamerika. Eingeführt 1898. Lebendig gebärend. Der schönstgefleckte Kärpfling; Farbe olivgrün und schwarz gefleckt, Weibchen einfarbig grau.

22. **Jenynsia lineata.** Heimat: Südamerika. Eingeführt 1905. Lebendig gebärend. Körpergrösse beim Männchen etwa 40 mm, beim Weibchen etwa 90 mm. Färbung im allgemeinen olivgrün, nach dem Rücken dunkel scheinend. Bei recht heller Beleuchtung erscheint der Körper kobaltblau. Nachzucht reichlich vorhanden.

23. **Mollienisia latipinna.** Heimat: Mittelamerika. Eingeführt 1903. Lebendig gebärend. Körpergrösse beim Männchen etwa 5 cm, beim Weibchen etwa 7 cm. Dieser Kärpfling zeichnet sich vor Poecilia mexicana ausser durch eine schön gefleckte Körperfärbung, namentlich der Männchen, durch eine länglich hohe, schöne Rückenflosse aus.

24. **Mollienisia formosa.** Heimat: Mexiko. Eingeführt 1903. Lebendig gebärend. Körpergrösse der Männchen etwa $3^{1}/_{2}$ cm, der Weibchen etwa 5 cm. Ein ausnehmend lebhafter und reger

Kärpfling, der durch seine Munterkeit, sowie Farbenpracht, namentlich der Männchen im Hochzeitskleide, viel Liebhaber hat. Auch ist die Zucht leicht und sehr interessant.

25. **Flugbarbe** (Nuria danrica). Heimat: Indien. Eingeführt 1903. Dieser äusserst lebhafte Fisch führt den Namen deswegen, weil er sich in drohender Gefahr meterhoch über den Wasserspiegel sowohl in wagerechter, wie auch in senkrechter Richtung hinwegschnellen kann. Seine Färbung und der Körperbau erinnern lebhaft an unsere heimische Elritze.

26. **Rote Barbe** (Barbus pyropterus). Heimat: Indien. Eingeführt 1904. Die Körperform dieser reizenden Prachtbarbe ähnelt der unseres heimischen Bitterlings. Die Rückenfarbe der Männchen ist olivgrün, die Körperseiten sind orangefarben und der Bauch zur Laichzeit fast blutrot.

27. **Die zweifleckige Barbe** (Barbus ticto). Heimat: Indien. Eingeführt 1904. Die Form gleicht der von Barbus pyropterus, auch ist die Farbe annähernd, nur nicht so intensiv. Der Unterschied liegt darin, dass Barbus ticto hinter dem Kiemendeckel und an der Schwanzwurzel je einen schwarzdunklen Fleck besitzt. Reichliche Nachzucht vorhanden.

28. **Barbus vittatus.** Heimat: Indien. Eingeführt 1903. Eine kleine, muntere Barbe, deren Farbenpracht derjenigen von Barbus pyropterus nicht gleicht.

29. **Barbus chola.** Heimat: Indien. Eingeführt 1904. Die Körperform dieser reizenden Barbe gleicht derjenigen unserer heimischen Barbe, die Farbe dagegen ist lebhaft bunt. Auf jedem Kiemendeckel befindet sich ein goldig-leuchtender, roter Fleck, ein Hauptmerkmal. Die Aufzucht ist leicht und sehr ergiebig.

30. **Die langgestreifte Barbe** (Danio rerio). Heimat: Indien und Ceylon. Eingeführt 1905 durch den Aussteller. Diese Barbe ist die schönste bis jetzt eingeführte ihrer Art und hat sich in der kurzen Zeit seit ihrer Einführung die Gunst aller Liebhaber erworben. Die Grundfarbe ihres Körpers ist ein helles Messinggelb, das von mehreren gleichmässig breiten, indigoblauen Längsstreifen durchzogen wird, die einen ungemein lebhaften Metallschimmer besitzen. Hinter dem Kiemendeckel beginnen diese Längsstreifen, welche den ganzen Körper, sowie Schwanz- und Afterflosse bekleiden. Die Vermehrung ist sehr leicht und reichlich, das Wachstum erstaunlich schnell.

31. **Badis badis.** Heimat: Indien. Eingeführt 1905 durch den Aussteller. Die Körperform erinnert an Chromis. Seine Änderungsfähigkeit in den Farben ist erstaunlich; einmal erscheint er in der Farbe eines schwachgefärbten Makropoden, ein anderes Mal zebraartig (zitronenfarbig) gefärbt oder wieder in tief schwarzblauen, sammetartigen Farben. Letztere Farbe erhält er in der Fortpflanzungszeit. Er baut sein Nest im Sandboden, ähnlich wie Heros facetus. Eine reichliche Nachzucht ist bereits in anderen Ländern verbreitet.
32. **Haplochilus panchax.** Heimat: Indien. Eingeführt 1900. Dieser reizende, farbenprächtige Kärpfling legt seine Eier einzeln an Pflanzen ab, im Gegensatz zu Haplochilus latipes, welcher sie in Schnüren ablegt; er ist äusserst lebhaft. Von vorstehender Art gibt es noch zwei Neuheiten aus Ostindien, welche Aussteller 1906 eingeführt hat. Dieselben unterscheiden sich durch zitronengelbe und orange Farben und in der Rückenflosse durch die Grösse.
33. **Punktierter Panzerwels** (Callichthys punctatus). Heimat: Brasilien und Argentinien. Eingeführt 1895 vom Aussteller. Dieser niedliche Zwergpanzerwels, dessen Munterkeit jeden Liebhaber besticht, legt seine Eier an vorher sorgfältig gereinigte Stellen ab. Die Aufzucht ist höchst interessant; seine Grösse beträgt nur 4—7 cm.

Herzoglich Trachenberger Verwaltung,
Trachenberg (Schlesien).

Mitarbeiter: Cameraldirektor J. Haase, Trachenberg (Schlesien); Teichverwalter Schanz, Radziunz.

(Siehe auch S. 119.)

Transportfässer.

Trichter, dient zum besseren und bequemeren Einschütten in die Transportfässer.

Modelle von Traggestellen für den Transport der gefangenen Fische.

Modell eines Tragzubers für den Transport der gefangenen Fische von der Fischgrube.

Modell eines Keschers zur Entnahme der Fische.

Verschlussdeckel der Fässer, abnehmbar und mit Plombierungsvorrichtung versehen.

Modell eines Fischtransportwagens.

Westpreussischer Fischerei-Verein,
Danzig, Schwarzes Meer 6.

Mitarbeiter:
Geschäftsführer des Vereins Dr. A. Seligo, Danzig, Schwarzes Meer 6,
und Dr. Ziegenhagen, Danzig.
(Siehe auch S. 39 und 127.)

Modelle von Transportgeräten:

1. **Drebel.** Fischkasten, den die Fischer zum Lebendbewahren ihres Fanges mit sich führen.

2. **Sicken** (Segelboot mit eingebautem Fischkasten) mit Hütegarnen, zur Aufbewahrung lebender Fische.

3. **Kahn aus der Gegend des Weitsees.** In der Nähe werden ähnliche Kähne gebaut, welche sich aber in ihrer äusseren Form noch mehr dem Einbaumkahn nähern.

4. **Einbaum vom Weitsee,** noch in dem Weitsee (zwischen Konitz und Berent) und seiner Umgegend vielfach bei der Fischerei verwendet. Früher wurde er hauptsächlich aus Eichenholz gefertigt, jetzt nimmt man auch andere Bäume von entsprechender Stärke. ($1/20$ der natürlichen Grösse.)

5. **Weichselboot.**

6. **Flusskahn.**

Dekorationsgegenstände
sind von folgenden Mitarbeitern zur Verfügung gestellt:

Ferdinand Aue, Reusenfabrikant, *Lunow a. d. Oder,*
Bahnstation: *Lüdersdorf.*
Reusen. (Siehe auch als Aussteller S. 23.)

Heinrich Blum, Netzfabrik, *Eichstätt (Bayern).*
Netze. (Siehe auch als Aussteller S. 24.)

Martin Dahms, Reusenfabrikant, *Lunow a. d. Oder,*
Bahnstation: *Lüdersdorf.*
Reusen. (Siehe auch als Aussteller S. 27.)

Wilhelm Drowin, Reusenfabrikant, *Lunow a. d. Oder,*
Bahnstation: *Lüdersdorf.*
Reusen. (Siehe auch als Aussteller S. 29.)

Hans Hartig, Kunstmaler, *Dresden-N., Alaunstrasse 5.*
3 Ölgemälde:
1. Fischer auf dem Klostersee bei Dargun i. Mecklbg., ihren Fang in die Fischkästen schaffend.
2. Fischer auf dem Mescheriner See (an der Oder bei Gartz) beim Hechtfang.
3. Fischerboote auf dem Haussee bei Feldberg in Mecklenburg-Strelitz.

Franz Klinder, Berliner mechanische Netzfabrik und Baumwollzwirnerei, *Neubabelsberg.*
Netze. (Siehe auch als Aussteller S. 31.)

Binnenfischerei.

J. Liedtke, Kunstmaler, *Klein-Glienicke bei Potsdam, Kurfürstenstrasse 9.*
6 **Ölgemälde märkischer Fischereiszenen:**
1. Fischer beim Pulsen.
2. Beim Morgenkaffee im Herbst.
3. Wasserbummler.
4. Heimwärts im Winter.
5. Beim Herausziehen des Netzes.
6. Heimkehr.

Mechanische Netzfabrik u. Weberei, Akt.-Gesellschaft,
Itzehoe.
Netze und Fischereigeräte.

Heinrich Neitzke, *Rummelsburg (Pommern).*
Reusen. (Siehe auch als Aussteller S. 38.)

W. Pellegrini, *Chemnitz, Wiesenstrasse 5.*
Gipsabgüsse von Süsswasserfischen.

Professor Röchling, *Charlottenburg, Hardenbergstrasse 2.*
Wurfnetz.

Alphabetisches Verzeichnis der Aussteller.

	Seite
C. Arens, Forellenzuchtanstalt, Cleysingen bei Ellrich am Harz	44
Ferdinand Aue, Reusenfabrikant, Lunow a. d. Oder	23
Alfred Bauer, Schlossfabrik, Malchin (Mecklenburg)	132
Bayerischer Landes-Fischerei-Verein, München, Maxburgstrasse	47
Wilhelm Beyer, Hofklempnermeister, Erfurt	49, 132
Heinrich Blum, Netzfabrik, Eichstätt (Bayern)	24
Fischerei-Verein für die Provinz Brandenburg, Berlin W. 62, Lutherstrasse 47	27, 50, 132
Karl Bugow, Lehrer, Potsdam, Weissenburgerstrasse 36	55
Casseler Fischerei-Verein, Cassel, Kölnischestr. 76	55
Martin Dahms, Reusenfabrikant, Lunow a. d. Oder	27
A. L. G. Dehne, Maschinenfabrik, Halle a. d. Saale	57
Deutscher Anglerbund, e. V., Berlin N. 37, Weissenburgerstrasse 67	28, 58
Deutscher Fischerei-Verein, Berlin SW. 11, Dessauerstrasse 14	59
Wilhelm Drowin, Reusenfabrikant, Lunow a. d. Oder	29
Doris Dudzig, Nadelfabrikantin, Berlin O. 27, Magazinstrasse 18	42
Dr. Karl Eckstein, Königlicher Professor an der Forstakademie, Eberswalde	67
H. Ernsting, Fischereipächter, Beringstedt (Holstein)	68
A. Freundlich, Maschinenfabrik, Düsseldorf	133
Gottfried Friedrichs, Fischhandlung und Fischerei, Wittenberge (Bezirk Potsdam)	133
Ernst Giesecke, Geschäftsführer des Ausschusses für Fischerei der Landwirtschaftskammer für die Provinz Hannover, Hannover, Stolzestrasse 20	69
Adolf Glauss, Klempnermeister, Königsberg (Ostpreussen), Drummstrasse 1	74, 134
E. Grell & Co., Haynauer Raubtierfallenfabrik, Haynau (Schlesien)	29

Binnenfischerei.

	Seite
Grossherzoglich Badisches Ministerium des Innern, Karlsruhe	29
Ernst Günther, Zoologe, Berlin N. 65, Nazarethkirchstrasse 47	75
Alfred Gutmann, Aktien-Gesellschaft für Maschinenbau, Altona-Ottensen	76
Heinrich Henkel, Hoflieferant Grossgärtnerei, Gartenarchitekt, Darmstadt-Neuwiese	134
H. Hildebrandts Nachf., Jakob Wieland, München, Ottostrasse 3b	31
Professor Dr. Bruno Hofer, München, Veterinärstrasse 6	76
Josef Hofer, Fischzüchter, Oberndorf am Neckar (Württemberg)	78
Gebrüder Jacob, Fischhandlung, Berlin C. 2, Königsgraben 15c und Stettin	134
Franz Klinder, Berliner mechanische Netzfabrik und Baumwollzwirnerei, Neubabelsberg	31
Königliche Generalkommission für die Provinzen Brandenburg und Pommern, Frankfurt a. d. Oder	79
Königliche Geologische Landesanstalt und Bergakademie, Berlin N. 4, Invalidenstrasse 44	80
Königliche Landwirtschaftliche Hochschule, Tierphysiologisches Institut, Berlin N. 4, Invalidenstrasse 42	87
Königliches Museum für Völkerkunde, vorgeschichtliche Abteilung, Berlin SW. 11, Königgrätzerstrasse 120	31, 89, 136
Königlich Sächsische Forstakademie, Zoologisches Institut, Tharandt bei Dresden	90
Joseph Kraatz, Fischermeister, Angermünde	35, 91
Bruno Krafft, Berlin O. 34, Posenerstrasse 16	91
Eduard Krause, Konservator am Königlichen Museum für Völkerkunde, Berlin SW. 11, Königgrätzerstrasse 120	35, 42, 91, 136
Otto Kuschke, Fischereibesitzer, Gatow bei Vierraden	37
Aktien-Gesellschaft A. Lehnigk, landwirtschaftl. Maschinen- und Pflug-Bauanstalt, Vetschau (N.-L.), Zentralbureau: Berlin SW. 48, Friedrichstrasse 23	93
Rudolf Linke, Forellenzüchterei, Tharandt bei Dresden	94, 137
Dr. phil. O. von Linstow, Königl. Bezirksgeologe, Berlin N. 4, Invalidenstrasse 44	94
Lothringer und Elsässer Fischerei-Verein, Metz und Strassburg (Elsass)	95
Ernst Mahnkopf, Grossfischermeister, Spandau, Kolk 1	37
Professor Dr. Marsson, Berlin W. 30, Neue Winterfeldtstrasse 20	95
Paul Matte, Spezialzüchterei fremdländischer Zierfische, Lankwitz bei Berlin	137
Oskar Micha, Kgl. Hoflieferant, Berlin O. 17, Mühlenstrasse 72a	97
Heinrich Neitzke, Rummelsburg (Pommern)	38
Oberpfälzischer Kreis-Fischerei-Verein, Regensburg	98
Pfälzischer Kreis-Fischerei-Verein, Speyer	98
Pommerscher Fischerei-Verein, Köslin	99

Binnenfischerei.

	Seite
Fischerei-Verein für die Provinz Posen, Bromberg	99
L. Recken, Regierungs- und Baurat, Hannover, Wiesenstrasse 22	99
A. Richter, Gastwirt, Lehde bei Lübbenau	39, 101
Wilhelm Rothe & Comp., Ingenieur-Bureau und Maschinenfabrik für Abwässer-Kläranlagen und Städtekanalisationen, Berlin NW. 23, Klopstockstrasse 51	102
Sächsischer Fischerei-Verein, Dresden-A. 3, Wiener Platz 1C	103
Schiffs- und Maschinenbau-Anstalt Akt.-Ges., Mannheim	103
Friedrich Schikora, Lehrer, Haynau i. Schl.	103
Schlesischer Fischerei-Verein, Breslau I, Ohlauer Stadtgraben 28	112
Dr. Walter Schoenichen, Oberlehrer, Schöneberg bei Berlin, Wartburgstrasse 24	113
Kreis-Fischerei-Verein von Schwaben und Neuburg, Augsburg	114
Fischergemeinde, Schwedt a. d. Oder	114
Fischerinnung, Steinau a. d. Oder	114
Teichwirtschaftliche Versuchsstation der Landwirtschaftskammer für die Provinz Schlesien, Trachenberg (Schlesien)	114
Thüringischer Fischerei-Verein, Weimar	117
Heinrich Törlitz, stud. rer. nat., Potsdam, Spandauerstrasse 23	117
Herzoglich Trachenberger Verwaltung, Trachenberg (Schlesien)	119, 142
Clemens Freiherr von Twickel, Stovern bei Salzbergen	122
Unterfränkischer Fischerei-Verein, e. V., Würzburg	122
Richard Volk, Vorstand der Abteilung für Elbuntersuchung des Naturhistorischen Museums, Hamburg 23, Papenstrasse 11	122
Peter Anton Wallau, i. Fa. Friedrich Karl Haenlein Sohn, Hoflieferant, Mainz, Rheinstrasse 33	124
Professor Dr. C. Weigelt, Berlin NW. 7, Dorotheenstrasse 60	124
Fischerei-Verein für Westfalen und Lippe, Brilon	127
Westpreussischer Fischerei-Verein, Danzig, Schwarzes Meer 6	39, 127, 143
Hermann Würke, Dammendorf bei Grunow (Bez. Frankfurt a. d. Oder)	129
Württembergischer Landes-Fischerei-Verein, Stuttgart	130

Druck: J. Neumann, Neudamm.